POEPLAU · **EINFACH IST DIE WEISHEIT DES LEBENS**

Rabindranath Tagore wurde 1861 als Sohn einer Brahmanenfamilie in Kalkutta geboren. Studienjahre in England machten ihn mit der westlichen Kultur und Literatur bekannt. Mit zwanzig Jahren veröffentlichte er erste Gedichte. 1901 gründete er in Santiniketan eine Reformschule, die sich später zu einer internationalen Universität entwikkelte. Als Dichter, Philosoph und Sozialreformer erlangte er weltweiten Ruf. 1913 wurde er für seine Gedichtsammlung „Gitanjali – Sangesopfer" mit dem Literatur-Nobelpreis geehrt. Tagore setzte sich u. a. für soziale Gerechtigkeit, Toleranz zwischen den Religionsgemeinschaften und für den Weltfrieden ein. Am Tag vor seinem Tod, am 7. August 1941, schrieb er an einen Freund: „Man muß sein Bestes tun, um zu zeigen, daß der Mensch nicht der größte Fehlgriff der Schöpfung ist."

Wolfgang Poeplau

# EINFACH IST DIE WEISHEIT DES LEBENS

Sinnspuren im Alltag nach Texten von Tagore

Christophorus-Verlag · Freiburg i. Br.
Verlag Ernst Kaufmann · Lahr

Laß mein Lied einfach sein
wie das Erwachen am Morgen,
wie das Tropfen des Taus von den Blättern,
einfach wie die Farben der Wolken
und die mitternächtlichen Regenschauer.

# Laß mein Lied einfach sein

Im alten Japan lebte ein Schuster, der eine seltsame Angewohnheit hatte: Auf die Lederstücke, die er für das Schuhwerk seiner Kunden brauchte, schrieb er dann und wann kurze Verse. Die Menschen liefen auf seinen Gedichten durchs Leben, ohne es zu merken. Und genau das war seine Absicht.
Dem einen schrieb er auf die Sohlen: „So wie du bist – bist du glücklich?", einem anderen: „Wie denkst du dir ein Leben ohne Dankbarkeit?" und einem dritten: „Auch wenn du klagst – Licht und Schatten bleiben." Seine Weltanschauung spiegelte der Vers: „Der Weg zu einer besseren Welt ist kein anderer als diese Welt, als dieses Leben. Alles ist eingeschlossen in ein So-Gott-Will."
Laufen nicht auch wir auf den Gedichten eines anderen durch das Leben? Ist nicht jeder unserer alltäglichen Schritte eine Wiederholung des „So-Gott-Will"? Vielleicht müssen wir nur hinter die Dinge sehen, unter die Schuhsohlen, mit denen wir rastlos durch das Leben eilen.
Um die Botschaft zu lesen, die an uns gerichtet ist.

**Ich habe dich gesehen, wie das halberwachte Kind im Morgendämmern die Mutter sieht und lächelt und wieder einschläft.**

# Ein guter Tag zum Leben

Sie brachen auf am frühen Morgen. Ihre Schritte waren leicht. Sie schauten nicht zurück. Der Berg lag im erwachenden Sonnenlicht, schweigend und groß.
Sie kamen am späten Nachmittag zurück. Müde, erschöpft, mit wirren Haaren und sonnenverbrannten Gesichtern. Sie entledigten sich der Rucksäcke, ließen sich auf die Bank vor der Berghütte fallen.
„Nie wieder", sagte der Ältere. „Alle Knochen tun mir weh."
„Der Aufstieg war zu steil", meinte der Jüngere.
„Und als wir in den Sturm gerieten. Ich dachte, jetzt ist es aus!"
„Das letzte Stück war schwer. Da war die Luft so dünn."
„Ich war am Ende meiner Kräfte. Wenn du mich nicht am Seil gehalten hättest…"
Sie schwiegen und warfen einen Blick hinauf zu dem Viertausender, der vor ihnen lag im stillen Feuer der Abendsonne.
„Schön war es trotzdem", sagte der Jüngere.
Und sie nickten beide.

# Berg meiner Hoffnungen

„Herr, führe mich auf den Berg, der zu hoch für mich ist." So beginnt ein irisches Morgengebet. Immer sind wir Menschen von der Sehnsucht erfüllt, über unsere Grenzen hinauszugehen. Wir können uns nicht abfinden mit dem, was wir gerade sind, weil wir ahnen, daß etwas Größeres auf uns wartet und daß wir die Kraft haben, es zu erreichen. Unser Verstand sagt: Es gibt nur vier Himmelsrichtungen! Aber die Liebe antwortet: Es gibt noch andere Wege. Ich bin sie oft gegangen.

Wir müssen das scheinbar Unmögliche versuchen, wenn wir das Leben gewinnen wollen. Jeder Morgen ist eine Chance zum Aufbruch, jeder Tag ein guter Tag zum Leben. Wir müssen uns entscheiden. Wir haben die Freiheit, einen neuen Weg einzuschlagen. Keine breite Straße, keinen Weg, den viele gehen, der auf jeder Karte eingezeichnet ist. Er wird beschwerlich sein und zuweilen einsam, er wird Umwege und Irrwege einschließen. Aber es wird unverwechselbar unser Lebensweg sein, der Weg auf den Berg unserer Hoffnungen.

**Wenn wir zum Schauspiel des Lebens kommen,
setzen wir uns in unserer Torheit
mit dem Rücken der Bühne zu.
Wir sehen die vergoldeten Pfeiler und Dekorationen,
wir beobachten das Kommen und Gehen der Menge,
und wenn zum Schluß das Licht gelöscht wird,
fragen wir uns verwirrt, was denn der Sinn
von all dem ist.**

# Wohin führt der Weg?

Ich sehe ihn in der U-Bahn am Morgen. Ausländer offenbar. Er steckt seinen Kopf in ein kleines Buch, während eilige Menschen drängen und stoßen, während Lautsprecher quäken, Bremsen quietschen und Räder rumpeln.
Ich beobachte ihn seit Monaten. Stets steigt er an derselben Station aus. Die ganze Zeit über ist er in das Buch vertieft. Sein Körper wiegt eigenartig im Rhythmus des Anfahrens und Bremsens. Ich glaube fast, er liest immer dieselbe Seite.
Gestern stand ich neben ihm. Ich versuchte, einen Blick in sein Buch zu werfen. Er bemerkte es nicht. Er las. Die U-Bahn bremste, aber er schaute nicht auf.
Ich stieß ihn an: „Ihre Station!"
Die Türen schlossen sich. Erst jetzt warf er einen Blick aus dem Fenster.
„Zu spät", sagte ich, nicht ganz ohne Schadenfreude. „Wissen Sie wenigstens, wie Sie zurückkommen?"
Er lächelte. „Ich nicht weiß", sagte er mit Akzent in der Stimme, „Allah weiß Weg. Alles in Buch, bitteschön!"
Und er hielt mir das Gebetbuch auffordernd hin. Gott sei Dank stoppte der Zug, und ich konnte aussteigen.
Morgen werde ich zehn Minuten früher fahren.

# Die Weisheit ist einfach

Thor Heyerdahl, der mit einem winzigen Floß den Ozean überquerte, tat nichts anderes, als sich den natürlichen Strömungen der Weltmeere anzupassen, so wie die Delphine oder die Wale es tun. Heyerdahl war kein Abenteurer, sondern ein nüchterner Forscher. Er hatte Wind und Wellen beobachtet, mit Karten seine Reise vorbereitet. Aber als er unterwegs war in der Wasserwüste des Pazifiks, zeigte sich das Leben einfallsreicher und „vernünftiger", als sein Verstand es voraussehen konnte: Das Balsaholz, aus dem sein Floß bestand, brach nicht auseinander, wie Skeptiker befürchtet hatten. Es quoll und fügte die von Riemen gehaltenen Stämme fester zusammen, als Schrauben und Nägel es vermocht hätten. Und statt von Konserven konnte sich Heyerdahl von fliegenden Fischen ernähren, die er jeden Morgen auf Deck der Kon-Tiki vorfand.

Nicht blindes Vertrauen und nicht übergroße Sorge, nicht Fortschrittsgläubigkeit oder Okkultismus bringen uns weiter, sondern die geglückte Verbindung von Vernunft und Intuition. Im Einklang mit uns selbst und mit den Gesetzen des Lebens gewinnen wir die Leichtigkeit eines Vogels, der sich in den Äther schwingt, ohne die Gesetze der Aerodynamik, der Schwerkraft zu kennen. Dann spüren auch wir: Die Weisheit ist einfach wie die Strömung des Meeres oder die zufällige Landung eines Fisches auf wenigen Quadratmetern Bootsdeck.

Unsere alltägliche Welt ist wie eine Rohrflöte;
ihr wahrer Wert liegt nicht in ihr selber,
sondern in der Musik, die der Unendliche
durch ihr leeres Innere ertönen läßt
und die alle vernehmen,
welche die Gabe und die Ruhe des Gemütes haben,
auf sie zu hören.

# Ruhe des Gemütes

Sie gingen durch den Lärm der Geschäftsstraßen. Plötzlich blieb Paul stehen, lauschte und hob den Zeigefinger. „Hörst du, eine Amsel?"
Aber Rainer hörte überhaupt nichts außer Automotoren, eiligen Schritten und verkaufsfördernder Popmusik.
„Sie muß irgendwo ein Nest gebaut haben", beharrte Paul, „mit ihrem Gesang lockt sie ein Weibchen."
Rainer legte den Kopf schief, gab sich Mühe. Und jetzt nahm er ihn tatsächlich wahr, den hellen Ruf eines Vogels.
„Du mußt ein gutes Gehör haben", sagte er bewundernd.
Paul schüttelte den Kopf. „Es ist nicht besser als das Gehör anderer Menschen. Ich beweise es dir."
Er nahm ein 50-Pfennig-Stück aus der Tasche, warf es hoch und ließ es auf das Pflaster klimpern. Sofort blieben einige Passanten stehen, schauten sich um und suchten den Boden ab.
„Siehst du", sagte Paul lächelnd, „unser Gehör ist gut. Es kommt darauf an, worauf wir achten."

# Staunend atmet unser Herz

Wir sind zu laut, wir gehen zu schnell, wir sterben zu früh. Wir beanspruchen die ganze Welt für uns und verbannen daraus den Freiraum des Wunders, der Unendlichkeit. Die Leere unseres Alltags verhängen wir mit Reklametafeln, mit Parolen und Spruchbändern. Wir haben unser Leben gewöhnlich werden lassen wie einen Schwarzweißfilm.

Die Wälder kleiden sich in farbige Gewänder, der Mond tanzt auf den Wellen, Regenwolken ziehen auf, das Licht verändert sich, ein Vogel singt, eine Blume blüht und verblüht. Immer entstehen Tausende von Welten, immer vergehen Tausende von Welten. Alles ist möglich. Das Niedagewesene will täglich kommen, die Kruste der Mittelmäßigkeit will aufbrechen. Aber es muß jemand da sein, der uns mit den fünf Sinnen schmerzhaft auf die Wirklichkeit stößt, der uns die rosarote Brille der Uneinsichtigkeit von den Augen nimmt und aus den Ohren die Wattebäusche des „Laßt-mich-in-Ruhe!" Einer, der die Alltagsdinge zum Klingen bringt, uns zum zweiten Mal die Welt erklärt. Dann halten wir inne und staunen und atmen die belebende Frische des Schöpfungsmorgens.

**Das Pferd, das vor den Wagen gespannt wird,
ist nur ein Teil des Wagens.
Herr des Wagens ist der, der ihn lenkt.
Wir sollen mit ganzer Kraft arbeiten
und doch die Freiheit unseres Geistes wahren,
denn sonst gleichen wir Rädern,
die sich drehen, weil sie von außen gezwungen werden.**

# Der Herr des Wagens

Als Kind bist du über eben dieses Pflaster gegangen. Vor diesem Haus hast du dein Spielzeugauto gezogen, den hölzernen Kipper, und hinaufgerufen zu den Fenstern: „Lumpen – Eisen – Papier!"
Du erinnerst dich, wie du mit dem Abfall der Straße zurückkamst am Abend, müde und glücklich, und deine Mutter dich nicht verstand.
Du hast nie vergessen, wie sie dir fortnahm, was dein Stolz gewesen war.
„Lumpen – Eisen – Papier!"
Du wolltest Lumpensammler werden – damals. Dein Traumberuf.

# Sinnvolle Arbeit gib uns heute

Die Kinder arbeiten auch. Sie nennen es Spiel. Am Abend kehren sie erschöpft nach Hause zurück wie ihre Väter und Mütter. Aber nie empfinden sie ihr Tun als Last. Sie freuen sich über jede Minute, die sie spielend zubringen können. Das macht den Unterschied zu unserer Art des Arbeitens.
Erinnern wir uns: Vor langer Zeit, als wir gemeinsam auf das Meer hinausfuhren in unseren zerbrechlichen Booten, als wir Tieren nachstellten mit einfachem Jagdgerät, als wir Früchte sammelten auf den Feldern, da zählte jedes Glied der Kette. Und jeder wußte: Unglück und Glück des anderen sind auch mein Glück, mein Schicksal. Wenn wir zurückkehrten am Abend, waren die Körper erschöpft, aber die Herzen befriedet.

Wir leben nicht mehr von der Hand in den Mund. Wir arbeiten nicht mehr um des reinen Broterwerbs willen. Aber wir haben die Menschen aus den Augen verloren, die neben uns stehen, neben uns arbeiten. Wir wenden uns voneinander ab, weil wir uns schämen, uns zu stummen Dienern von Geld und Profit erniedrigt zu haben, zu Tätern einer oftmals ungeliebten Tat. Und vor den Toren harren jene, die wir nicht teilhaben lassen…
Es ist Zeit, uns zu erinnern. Es ist Zeit, der Bitte um das tägliche Brot die Bitte um eine sinnvolle Arbeit hinzuzufügen – Arbeit für alle, in Solidarität und Verantwortung füreinander.

**Meiner Begierden sind viele,
und mein Schrei heischt Mitleid,
aber du hast mich gerettet durch dein hartes Nein.
Mit dieser strengen Gnade hast du mein Leben ganz geformt.
Tag für Tag machst du mich würdig
der einfachen und großen Gaben:
Des Himmels und des Lichtes,
dieses Leibes, Lebens und Geistes.**

# Die Gaben des Himmels

Sie war lange krank gewesen. Ihr Arzt hatte Bedenken, als sie plötzlich den Wunsch äußerte, in den Garten des Krankenhauses gebracht zu werden.
„Sie sind noch schwach. Sie müssen sich schonen."
Aber sie bat und bettelte, bis niemand mehr nein sagen konnte. Eine Schwester half ihr in den Rollstuhl, und sie fuhren mit dem Aufzug ins Erdgeschoß und von dort in den Garten. Es war Herbst. Die Schwester hatte die Kranke warm in Decken eingepackt. „Frieren Sie auch nicht?"
Die Patientin schüttelte den Kopf. „Nein, es ist wunderbar warm."
„Also, ich finde es ziemlich kühl", sagte die Krankenschwester fröstelnd.
„Es liegt daran, daß Sie zu dünn angezogen sind."
„Oder Sie zu dick."
Sie lachten. „Sehen Sie", sagte die Kranke, „wenn man lange Zeit nicht draußen war, ist selbst ein Herbsttag wie der Sommer. Und wenn man jeden Tag Sommer hat, friert man schon, wenn sich eine kleine Wolke vor die Sonne schiebt."

# Für das Leben geschaffen

Atmen – wir tun es nicht selbst. Es wird uns geschenkt. Das Leben beginnt damit und endet so: mit dem Ein- und Ausatmen. Wir gehen, essen, waschen uns die Hände, legen uns nieder, schlafen, ohne nachzudenken, welche Muskeln wir anspannen, welche Knochen wir bewegen, wie wir den Atem steuern müssen. Der Körper vollbringt all dies mit Leichtigkeit, ohne das geringste Zaudern. Wir sind für das Leben geschaffen, und die Natur hat uns nicht stiefmütterlich behandelt.

Aber wir haben das Urvertrauen verloren in uns selbst, in unsere Fähigkeiten. Zu oft fühlen wir uns krank, zu oft verlieren wir den Mut, zu oft sind wir gehemmt und nervös. Wo wir Glück erfahren, denken wir bereits an möglichen Verlust, wo wir im Unglück sind, schaffen wir uns heile Scheinwelten. Statt uns einzulassen auf das Abenteuer des Lebens, das ein Abenteuer des Liebens und Geliebtwerdens ist, ein Wechselspiel von Licht und Schatten, Scheitern und Gelingen, wählen wir öde Gleichförmigkeit und Sicherheit. Haben wir so wenig Mut?

Ein afrikanisches Sprichwort sagt: „Ein Kinderfuß tritt nicht in Dornen." Aber diese Erfahrung kann nur machen, wer es wagt, die Schuhe auszuziehen und zu tanzen.

**Wir sind wie der verirrte Vers eines Gedichtes,
der fühlt, daß er auf einen andern Vers reimt
und diesen finden muß, um zu seiner Erfüllung zu gelangen.**

# Erinnerungen – woran?

Das Kinderfahrrad, das vor der Tür stand, war verbogen. Im Hausflur nicht einmal eine Klingel. Das einzige Zimmer der Familie lag im Halbdunkel. Ein Teil des Fensters bestand aus Pappe. Darüber eine zerschlissene Gardine. Auf dem Herd in der Ecke Töpfe mit Essensresten und das Geschirr von gestern. Alles war unbeschreiblich dreckig.
Nur auf dem Tisch eine Vase mit frischen Blumen. Erinnerungen – woran?

# Mein Traum ist mir voraus

Hört, ihr Planer und Strategen, ihr Bürokraten und Sinnvermittler: Ich bin ein Zugvogel, der aufbrechen muß in eine frühlingshafte Welt. Ich ahne ein Land, das ich nie zuvor gesehen habe. Lebendig und allgegenwärtig ist es in meiner Seele. Dort ist meine Heimat, dorthin werde ich gehen, wenn die Zeit gekommen ist. Nicht für immer stehe ich zur Verfügung, bin nicht für alle Zeiten einplanbar. Richtet euch ein auf den Tag ohne Käufer, ohne Knechte, ohne Soldaten.

Ich bin der Hüter einer angeborenen Erinnerung. Scharf wie ein Schwert, so schneidet sie durch das Netz der Lügen und Vertröstungen, der frommen Sprüche. Hier, in einer Welt des Überflusses, der Maßlosigkeit und der Gewalt klage ich die Seligkeiten ein: arm zu sein, demütig, friedfertig. Wie ich auch lebe und wohin ich auch gehe, überall hinterlasse ich Spuren einer Hoffnung, die nichts und niemand stillen kann.
Der Vogel, der im Traum den Himmel sah, sprang aus dem Käfig. Wer hat die Macht, ihn festzuhalten?

**Du beludest meine Hände, daß ich selbst
sie leicht mache und endlich
unbeladen Freiheit gewinne in deinem Dienst.**

# Freiheit gewinnen

Die letzten fünf Minuten im Büro. Alle Arbeit ist getan, aber die Zeit will nicht vergehen, die Uhrzeiger sind festgenagelt. Es ist verhext. Die letzten fünf Minuten – so lang wie der ganze Tag. Jetzt möchte ich gehen, aber ich darf nicht. Der Ordnung wegen. Verstohlen greife ich in die Schreibtischschublade und ziehe die Muschel hervor. Die kleine, glatte, blaßschimmernde Muschel. Ich halte sie ans Ohr.
Da singt mir das Meer zu, da kreischen die Möwen, da rieselt noch ein wenig Sand…
Einmal, so sage ich mir, wenn du nicht mehr in diesem Büro sitzen mußt, einmal, wenn der Tisch geräumt ist, alle Formblätter verbraucht, alle Akten geschlossen, dann fährst du zum Meer und bleibst für immer.
Aber ich erinnere mich nicht, wo ich die Muschel fand.

# Wasser des Lebens

Manchmal, mitten im Alltag, wirft jemand einen Traum in die Tiefe meiner Seele. Es kann bei einem Spaziergang sein, bei einem Konzert, beim Betrachten eines Gemäldes. Doch meist geschieht es bei ganz alltäglichen Dingen: bei der Arbeit, auf der Straße, beim Autofahren. Ein Augenblick der Stille, des Lauschens, der Faszination. Wie tief ist meine Tiefe? Und was ist dort, wo mein Verstehen endet?

Manchmal bin ich es selbst, der Nichtigkeiten hineinwirft in die verborgene Zisterne und auf ein Echo hofft. Doch alle Dinge gehen unter ohne Spur, geräuschlos, ohne Wiederkehr. Das Gold der Erde reicht nicht aus, den Grund der Seele auszufüllen.
Wann breche ich auf, Wasser des Lebens zu suchen?

**Wenn ich am Ende meines Tages vor dir stehe,
wirst du meine Narben sehen und wissen,
daß ich Wunden empfing und Heilung fand.**

# Anspruch auf Menschlichkeit

Sie schreibt Briefe. An Präsidenten, an Politiker, an Generäle. Viele kommen ungeöffnet zurück. Unzustellbar – Annahme verweigert – Empfänger unbekannt. Auf manche Briefe erhält sie hektografierten Bescheid. Andere werden nicht beantwortet.
Sie schreibt Briefe. Sie bittet für Pedro in Chile, für Helena in der Sowjetunion, für Üzül in der Türkei und Joe in Johannesburg. Die Liste der Namen liest sich wie das Adreßbuch der Welt.
„Das hat doch alles keinen Sinn", sagen Bekannte, „du machst dich nur unbeliebt."
Aber sie schreibt weiter. Mit der Hand, weil das mehr Eindruck macht, sagt sie. Damit sie sehen, daß sich jemand Mühe gibt.
Seit Jahren schreibt sie Briefe. Erfolge hat sie keine vorzuweisen. Aber sie macht den Anspruch aktenkundig, den Anspruch auf ein wenig Menschlichkeit.
Das ist ihre Form des Widerstandes.

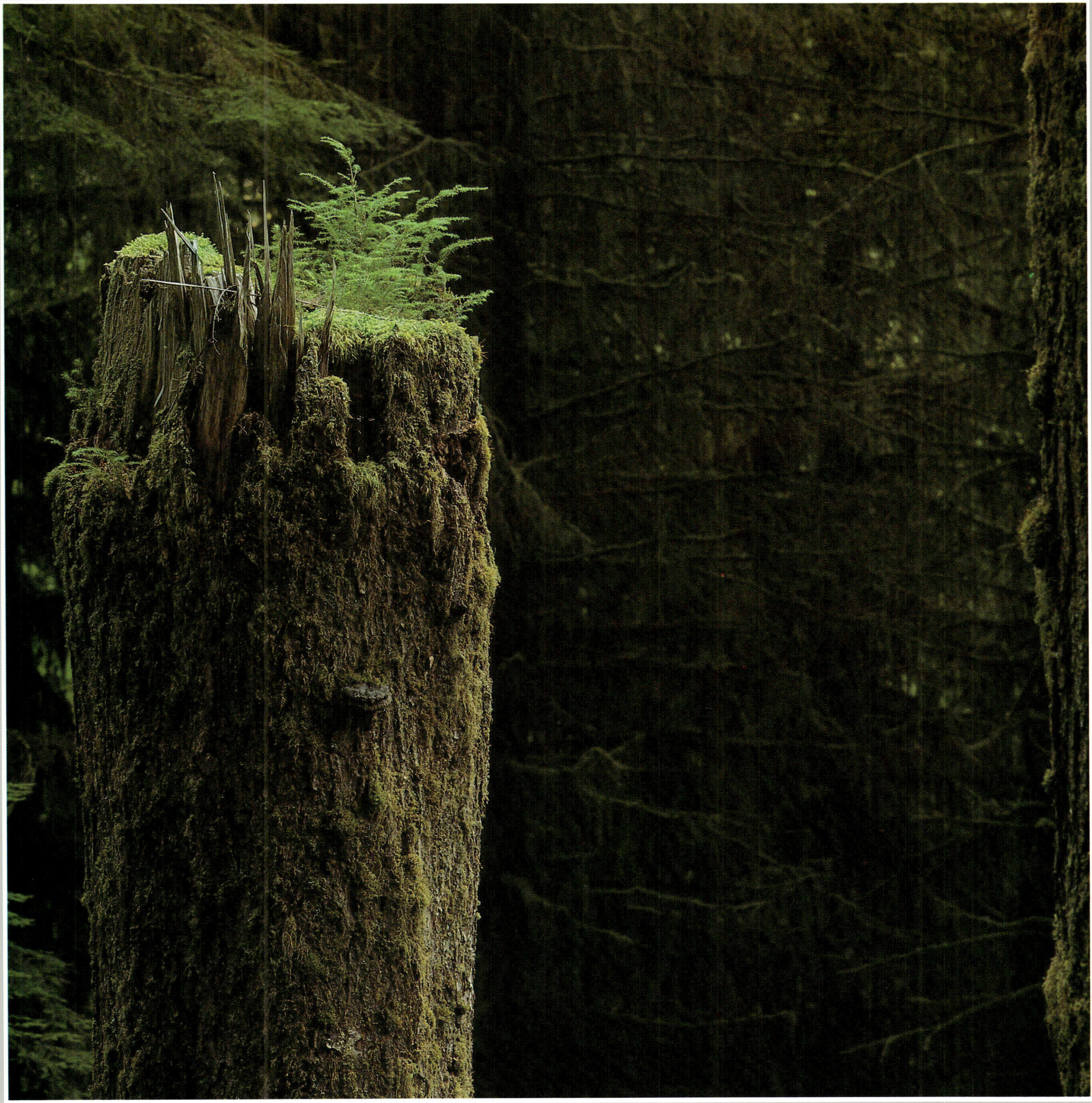

# Die Erde wartet noch

Als wir aufhörten, wie Menschen zu leben, formulierten wir die Menschenrechte. Als wir anfingen, unsere Mitmenschen auszubeuten, riefen wir Hilfsprogramme ins Leben. Als wir die Verbindung zur Natur verloren, entdeckten wir den Umweltschutz. Wir laufen den Katastrophen hinterher auf den Krücken der Zivilisation, wir sind die blinden Blindenführer. Je mehr wir planen und steuern, desto mehr Unheil und Verwirrung stiften wir.

Wir balancieren über den schmalen Grat von Armut und Reichtum, Elend und Genuß, Verantwortungsbewußtsein und Gleichgültigkeit, immer in der Hoffnung, daß niemand Rechenschaft verlangt. Wir bekennen uns laut zu unserem schlechten Gewissen und müssen eingestehen: Auch das ist nur eine Entschuldigung.

Nichts, was Menschen tun, ist einer anonymen kosmischen Ordnung von Werden und Vergehen, von Zufall und Bestimmung unterworfen. Es gibt auch Schuld, es gibt auch Unterlassung.
Die Erde wartet noch. Sie hat die Hoffnung noch nicht aufgegeben auf den Himmel. Die Hoffnung auf die ersten Schritte, die kleinen Taten, das bißchen Mut, das jeder von uns besitzt. Es ist nicht wahr, daß nur große Ereignisse die Welt verändern. Alles beginnt bei uns, mit dem „Ja, ja" und dem „Nein, nein".

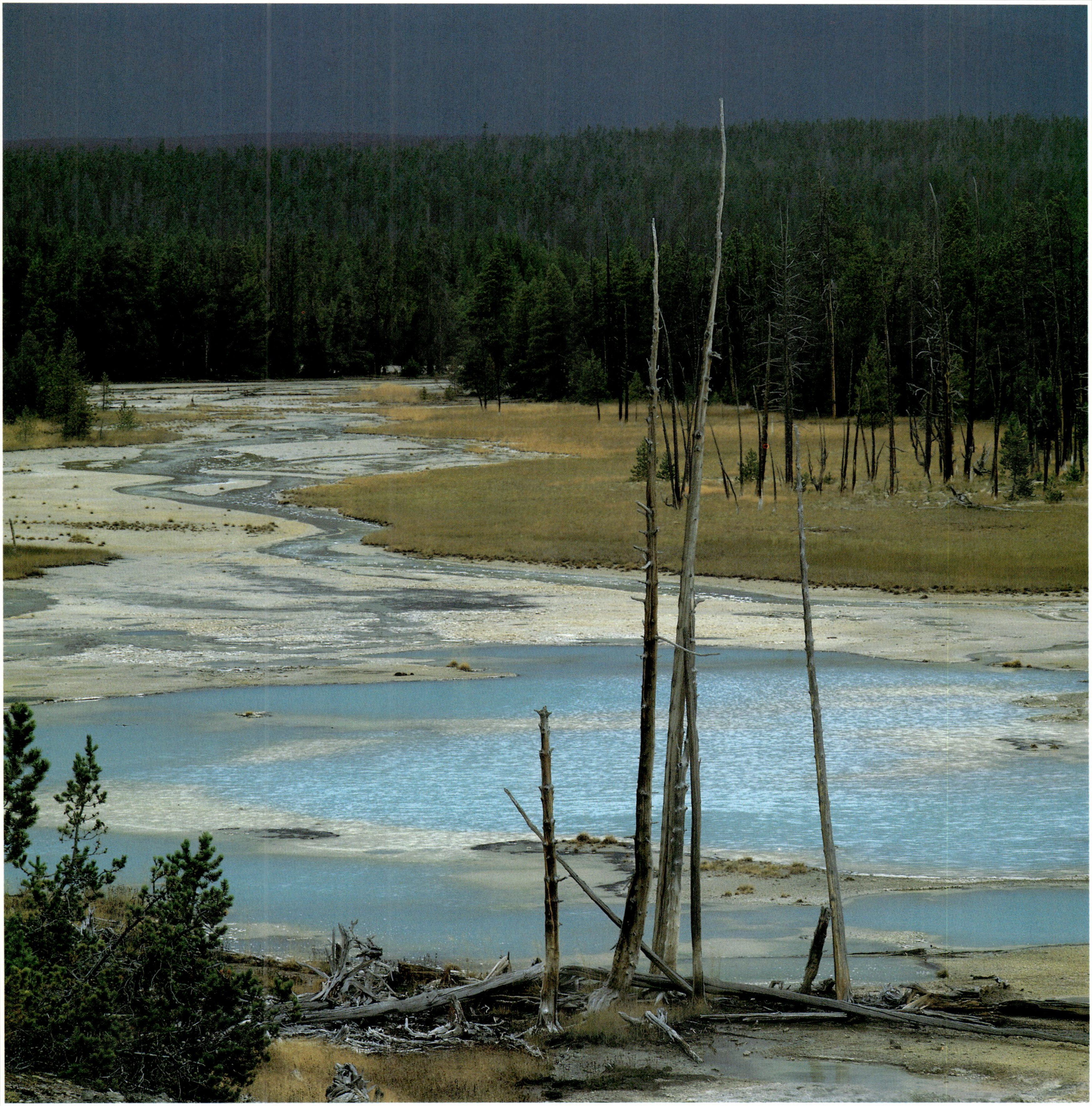

**Wenn die Müdigkeit des Weges auf mir liegt
und der Dunst des schwülen Tages,
wenn die gespenstischen Stunden des Zwielichts
Schatten werfen über mein Leben,
dann sehne ich mich nicht nur nach deiner Stimme,
sondern nach deiner Berührung.**

# Die Müdigkeit des Weges

Er kommt nach Hause, wirft die Aktentasche in die Ecke. „Das hältst du nicht aus", sagt er, „so eine Gemeinheit, so eine Unverschämtheit."
Sie deutet auf den Sessel neben dem Fenster. „Setz dich, trink eine Tasse Tee."
„Ich will keinen Tee!"
Sie steht auf, holt die Kanne, schenkt ihm ein.
„Seit Wochen ärgere ich mich schon", brummt er und läßt sich in den Sessel fallen.
„Zucker?" fragt sie.
Er schüttelt den Kopf. „Ich sage dir, lange sehe ich mir das nicht mehr an. Dann ist Schluß."
Sie lächelt, sie kennt ihn.
Er nippt. „Heiß", sagt er.
„Du darfst nicht so hastig trinken."
Er starrt durch das Fenster. Dämmerung. Vögel ziehen in langer Kette über den kleinen Ausschnitt Himmel zwischen Haus und Haus.
„Es ist immer dasselbe", sagt er, „man rackert sich ab – und was ist der Dank?"
Sie schaut ihn an. Sie sieht, wie sich seine Gesichtszüge langsam entspannen, wie die Hände sich entkrampfen.
„Erzähl mir, worüber du dich geärgert hast."
„Ach", er macht eine wegwerfende Handbewegung, „du kennst ja die Probleme. Habe ich dir schon tausendmal erzählt."
„Trink noch eine Tasse", sagt sie.
Er nickt.
„Ich weiß nicht", sagt er nach einer Weile, „wie es dir immer gelingt, mich auf andere Gedanken zu bringen."

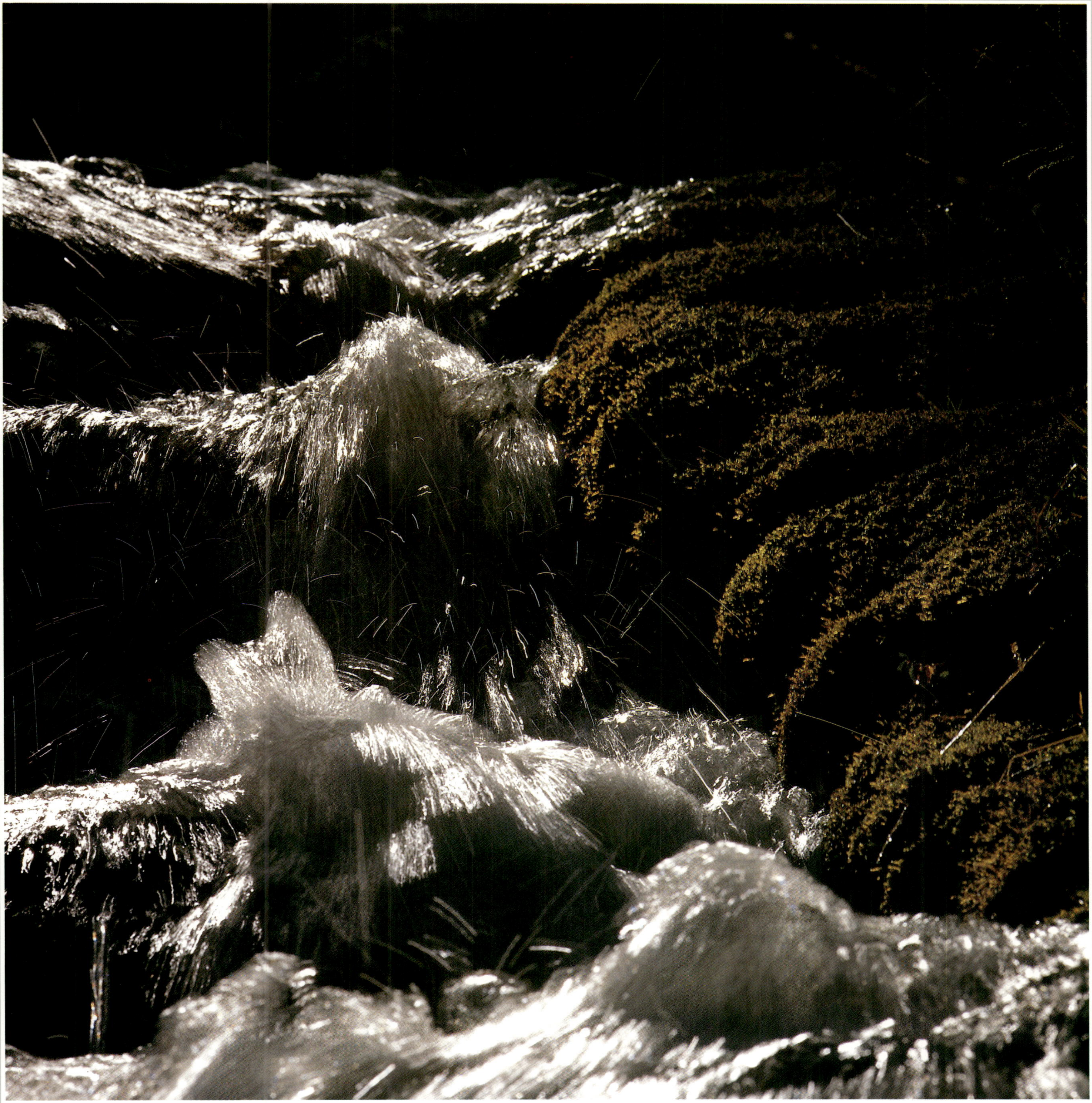

# Fasten des Herzens

Die Botschaften unserer Nerven und Sinneszellen verdienen nicht weniger Beachtung als unser Bewußtsein, unser Wille. Unser Körper weiß um Mangel und Überfluß. Er reagiert empfindlich auf jede Störung seines Energiehaushaltes, seiner Nahrungszufuhr, seiner komplizierten chemischen Ordnung.

Zwischen Magengeschwüren und Fettleibigkeit, Nervosität und Verdauungsstörungen pendeln die meisten von uns. Unser Essen ist Abbild unseres geistigen Zustandes. Genauso schnell, wie wir die Nahrung in uns hineinschlingen, mit dem Blick auf die Uhr und in Gedanken bereits bei anderen Dingen, genauso verschlingen wir Menschen, sättigen uns an ihren Erwartungen und Gefühlen, trinken ihre Hoffnung leer. Um sie anschließend wie Einweggeschirr wegzuwerfen. Wissen wir, was wir anrichten?

Der Mensch ißt, wie er ist. Es gibt ein Fasten, das sich nicht in Kalorien oder eingesparten Pfunden messen läßt. Es gibt einen Verzicht, der Zuwachs bedeutet, ein Fasten des Herzens. Es kann mit einer Tasse Tee beginnen und zehn Minuten Innehalten.

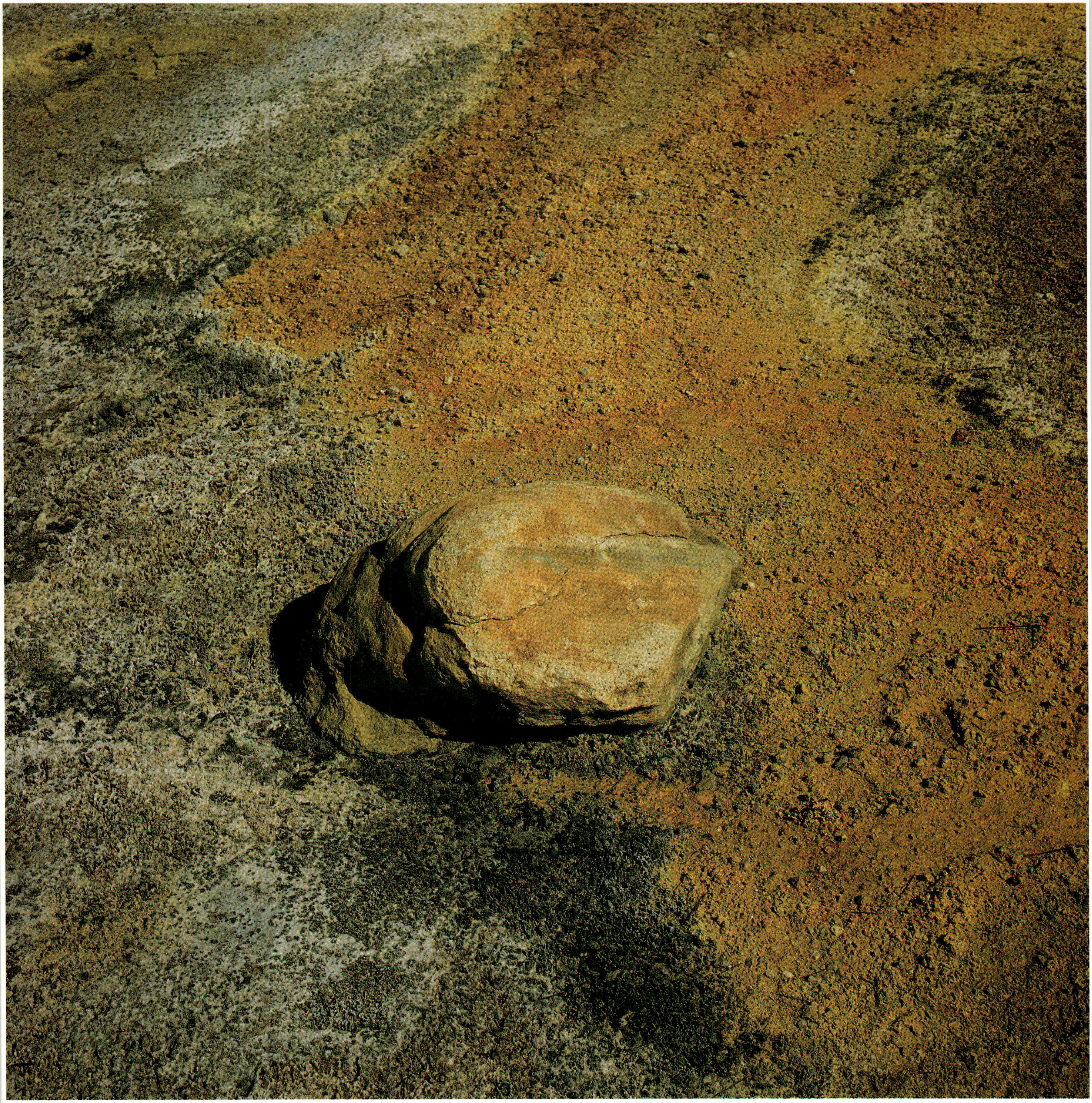

**Den Garten hat der Mensch zum Teil seines Hauses gemacht.
Hier strahlt das Licht der Sonne ihm als sein eigenes Licht,
hier klatscht sein kleines Kind in die Hände,
plaudert mit dem Mond.
Wenn der Garten jedoch nicht mehr frei daliegt,
sondern als Acker dienen muß, so ist das Nest zerstört,
worin sich der Mensch die Welt zu eigen machen kann.**

## Das Gleichnis der Blumen

Mein Nachbar liebt seinen Garten. Jede freie Minute verbringt er zwischen den Beeten und Rabatten. Regelmäßig harkt er die Wege, beschneidet die Bäume, zupft Unkraut, trimmt den Rasen. Umso erstaunlicher, eine Stelle zu entdecken, die alles andere als gepflegt aussieht. Eine kleine Ecke im Schatten der Mauer, vielleicht einen Quadratmeter groß. Da wuchert Unkraut wie wild aus dem Boden, da streckt Löwenzahn vorwitzig seine großen Blätter aus, und ein Gewächs, einer Bohnenstaude nicht unähnlich und mir völlig unbekannt, beansprucht Licht und Platz.
„Darf ich fragen, was es mit dieser Ecke in Ihrem Garten auf sich hat?" frage ich meinen Nachbarn bei passender Gelegenheit.
„Ich kümmere mich nicht darum", gesteht er, „das ist mein Überraschungsbeet. Ich säe nicht, ich gieße nicht, und dennoch wachsen dort Blumen."
„Unkraut!" wage ich einzuwenden, aber er lächelt. „Wenn ich nicht sehen würde, daß auch ohne mein Zutun alles gedeiht, wie könnte ich mit ruhigem Gewissen im Gartenstuhl sitzen und ausruhen?"

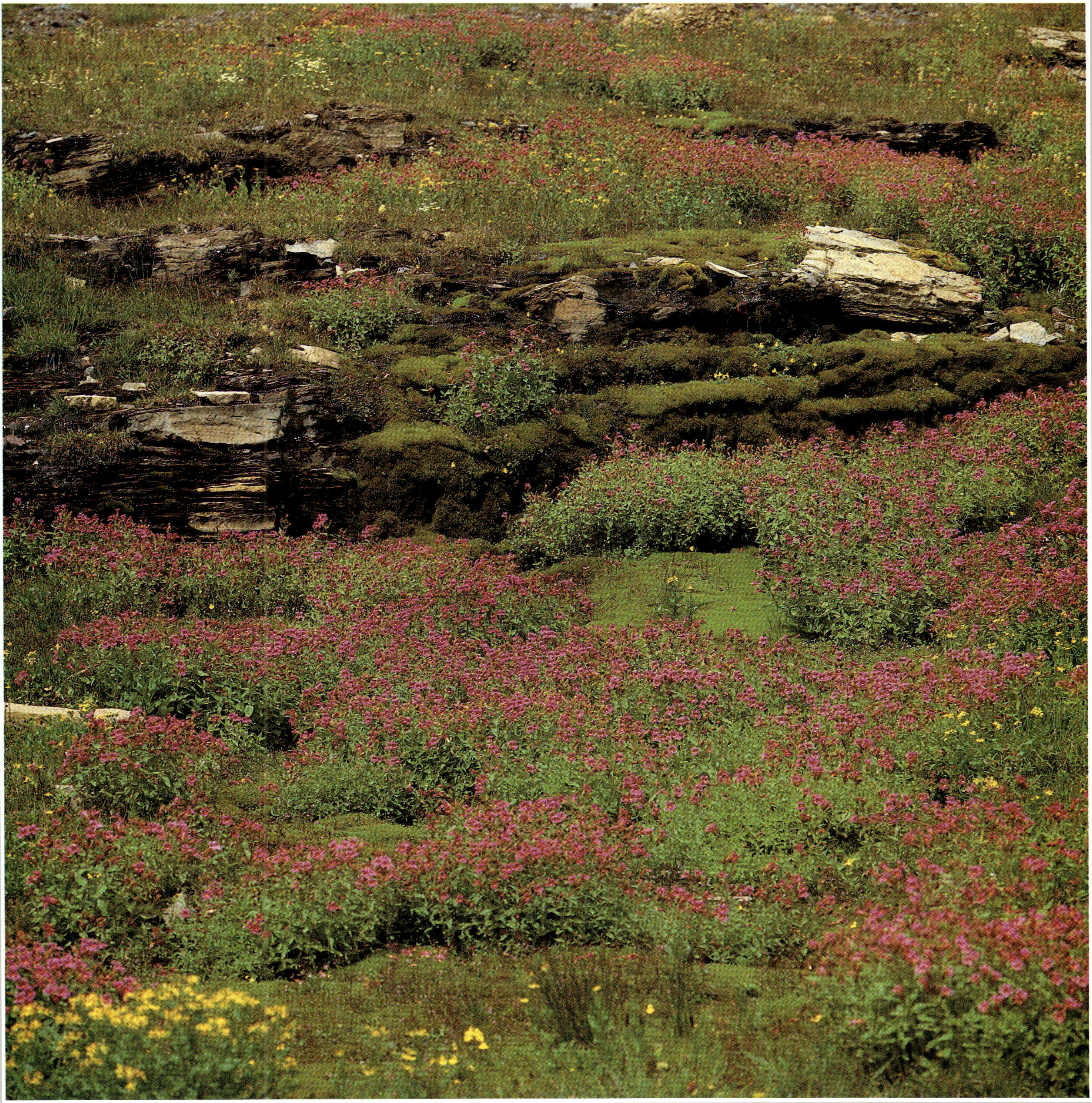

# Eingeladen zum Fest des Schöpfers

Kann ich das noch: Einen ganzen Tag in der Sonne liegen und das Leben genießen? Den Wolken zuschauen, die bedächtig über den Himmel ziehen? Ohne Unruhe im Herzen, ohne das Gefühl, gleich wieder aufspringen zu müssen? Kann ich manchmal fünfe gerade sein lassen, weil es mir so gefällt? Gibt es in meinem Leben zweckfreie Räume, Orte der Lebensfreude, der Phantasie, des Genusses? Oder ist schon alles verplant, der Garten unter den Pflug genommen, das Wochenende zur Schwarzarbeit genutzt, das Hobby zur Dauerbeschäftigung geworden?

Die alte Frage, was ich tun würde auf einer einsamen Insel, ohne Fernsehgerät, ohne Auto und Surfbrett, ohne Schreibmaschine und Heimwerkerausrüstung – ganz allein mit mir selbst. Wie lange würde ich es aushalten?

Es ist nirgends die Rede davon, daß Adam sich langweilte im Paradies. Es steht nicht geschrieben, daß der Mensch erst durch Leistung Mensch wird oder Zufriedenheit durch ein hohes Einkommen erlangt. Die freie Zeit, die Mußestunden sind Erinnerungen an den Garten Eden, an unser ursprüngliches Sein, an unsere zukünftige Bestimmung. Sie mahnen uns, daß der Mensch nicht für die Arbeit geschaffen wurde, sondern um teilzuhaben am Fest des Schöpfers.

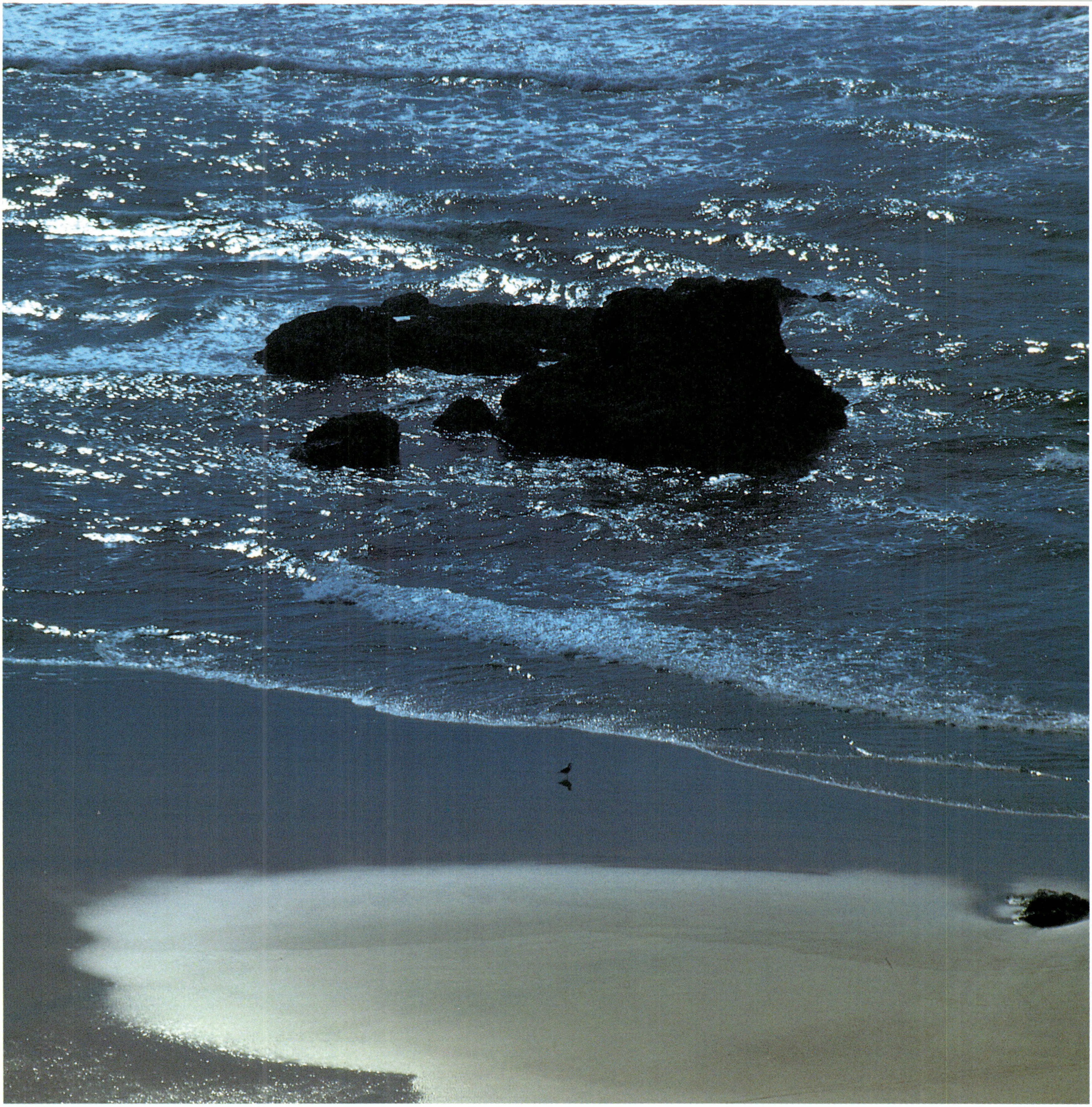

**Wolken kommen aus fernen Tagen in mein Leben geweht.
Nicht mehr, um Regen oder Sturm zu bringen,
sondern um meinen Abendhimmel mit Farben zu schmücken.**

## Das Leben schmücken

Man konnte dir alles erzählen. Du warst dankbar für jeden Einfall, den ich ausspann und den du aufgriffst, als wärst du bereit, ihn mit mir auszuleben.
Dann warst du ganz jung, und ich wollte keine andere Spielgefährtin als dich. Beim Spazierengehen war ich dir immer ein paar Schritte voraus und lief dreimal die Strecke zum Haus und zurück, bis du ebenfalls angelangt warst.
Irgendwann nahm ich Abschied von dir. Nicht von heute auf morgen, sondern langsam, unbewußt. Ich suchte mir andere Spielgefährtinnen, solche, die meinen Schritten folgen konnten. Wir haben uns aus den Augen verloren.
Heute komme ich manchmal zu dir und wundere mich, wie du noch immer voller Lebensmut und Freude bist. Du hörst mir zu, und wenn es dunkel wird, zündest du die Kerzen am Kandelaber an, Kerzen, die schon gelb sind von den Jahren. Ich glaube fast, du bewahrst sie für mich auf – die Kerzen und die Jahre. Und eines Tages, wenn ich selbst mit langsamen Schritten komme und niemand mit mir die alten Wege gehen will, wirst du anfangen, mir mein Leben ein zweites Mal zu erzählen. So gut hast du zugehört, Großmutter.

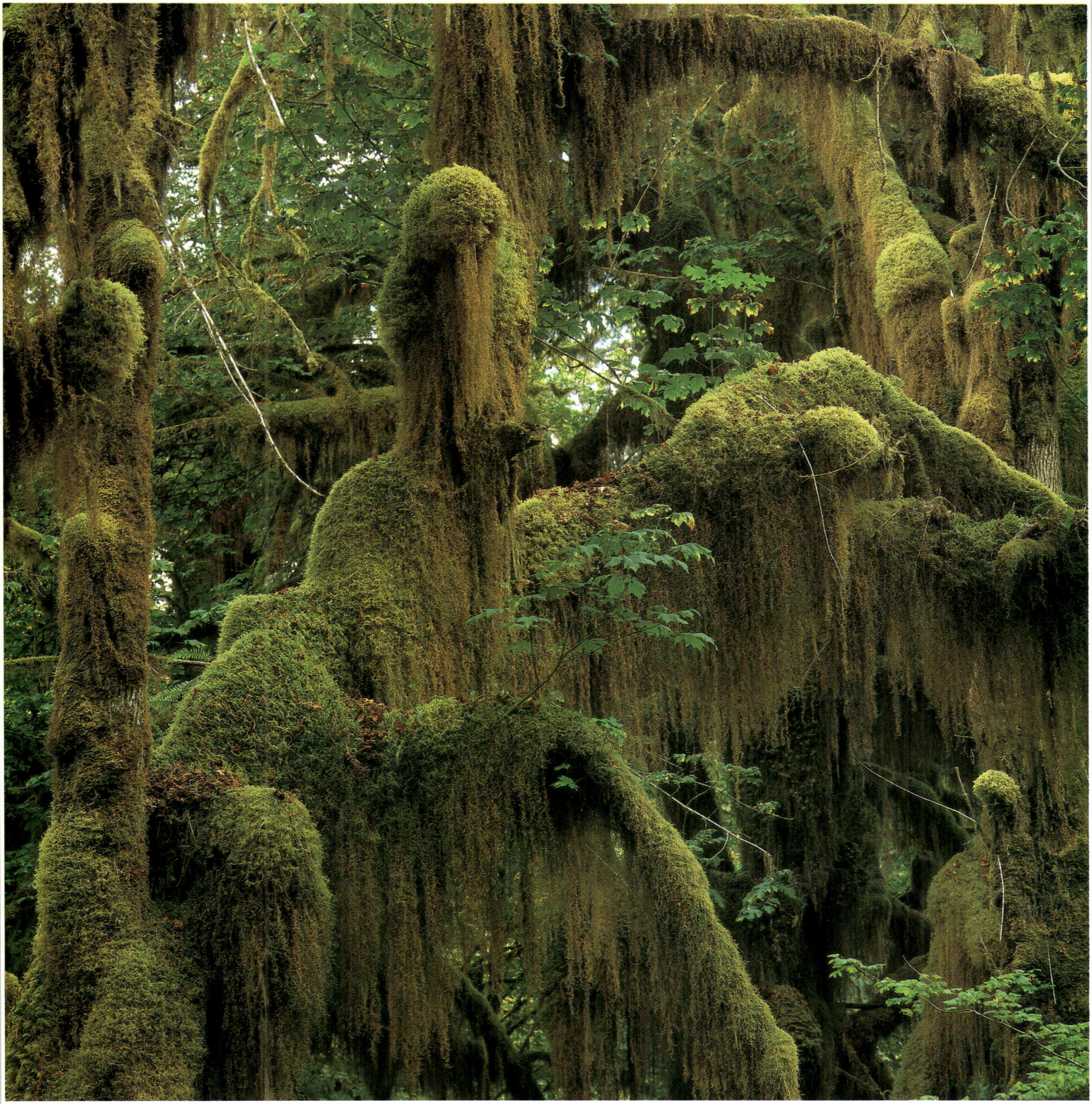

# Selig, wer Ohren hat zum Zuhören

Von früh bis spät bin ich dem Geschrei der Händler ausgesetzt, dem Plauderton der Radiosprecher, den Wehrufen der Katastrophenverkünder, den Appellen der Politiker, dem Predigersermon. Es gibt eine Unkultur des Aufeinander-Einredens, eine Umweltverschmutzung mit Worten. Die Viel- und Laut-Redner setzen sich durch; wer schweigt, zählt nicht. Wir reden pausenlos aneinander vorbei, weil wir das Zuhören verlernt haben, das Denken eines fremden Gedankens. Sprechen wir noch dieselbe Sprache?
Selig, wer Ohren hat zum Zuhören! Hören ist mehr als nur ein organischer Vorgang. Es ist Begreifen, daß da ein anderer Mensch ist, mit eigenen Erfahrungen, eigener Sichtweise, mit einer Welt, die sich von meiner unterscheidet und die dennoch nicht weniger real, nicht weniger interessant und lebenswert ist.

Ich brauche jemanden, der mir zuhört. Der schweigt und lauscht und Zeit für mich hat. Auch wenn schon alles gesagt scheint. Ich brauche einen Menschen, zu dem ich gehen kann, jederzeit, fraglos.
Ich brauche jemanden, dem ich zuhöre. Nicht, um mir dadurch das Recht zum Reden zu erkaufen, sondern weil sein Leben mich fasziniert, seine Gedanken mich bereichern. Vielleicht, um im Zuhören zu erkennen, wie verschieden wir Menschen sind und wie wunderbar die Wege, die jeder von uns geht.

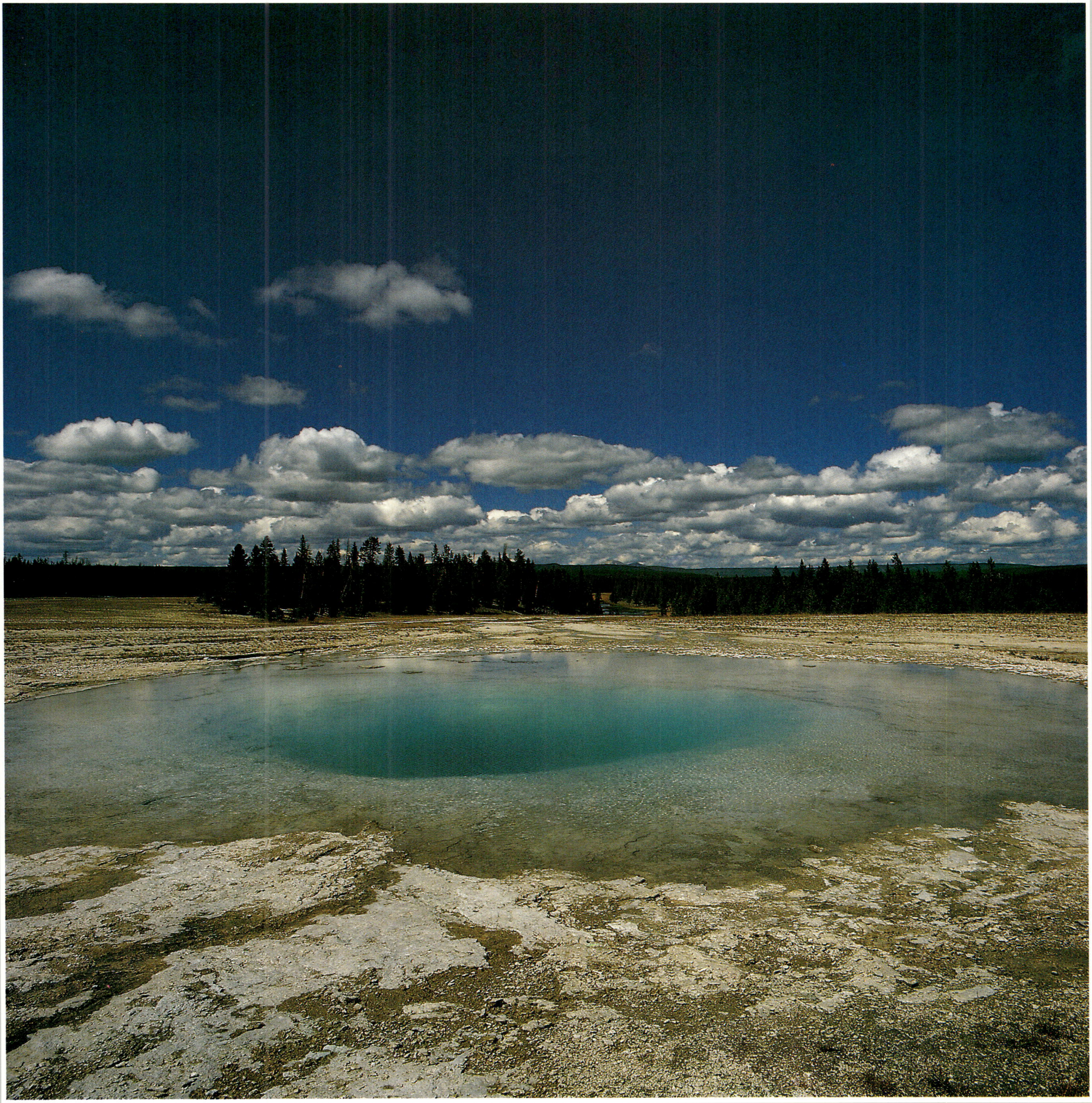

**Weisheit ist jene Jugend des Geistes,
die uns befähigt einzusehen,
daß die Wahrheit nicht in Schatzkästen
von Grundsätzen aufbewahrt wird,
sondern frei und lebendig ist.**

# Wo Streit herrscht

„Wollen wir uns wieder vertragen?"
„Ja, aber du hast angefangen!"
„Ist doch egal, wenn wir uns vertragen…"
„Du mußt Entschuldigung sagen."
„Also: Entschuldigung."
„Nein, richtig."
„Was richtig?"
„Du mußt richtig sagen: Ich bitte um Entschuldigung."
„Quatsch!"
„Dann rede ich nicht mehr mit dir."
„Du bist blöd!"
„Nimm das zurück!"
„Tu ich nicht!"
„Dann kriegste was drauf!"
„Wir wollten uns doch wieder vertragen…"
„Nö, Streiten macht viel mehr Spaß!"

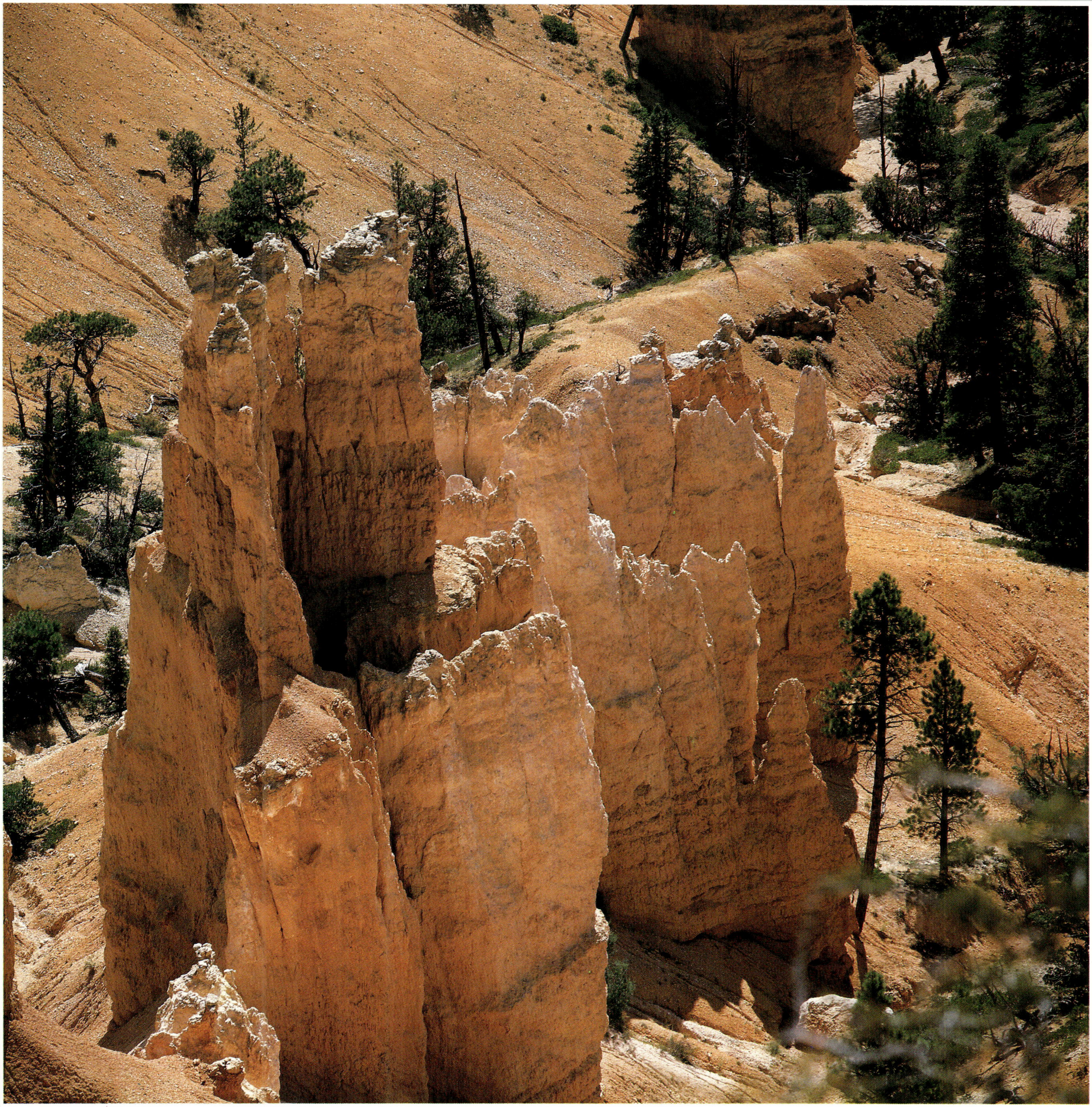

# Widersprüche sind unser Leben

Ich bin wie ein Wagenlenker, der ständig nach rechts steuert in der Angst, zu weit nach links zu geraten. Mit der Zeit stelle ich fest, daß ich mich im Kreise drehe, daß ich fahre, ohne an ein Ziel zu gelangen. Verzweifelt reiße ich das Steuer herum. Jetzt scheinen alle Probleme gelöst. Der neue Weg bringt andere Eindrücke, unbekannte Straßen, das Gefühl, voranzukommen. Bis ich erkenne: Auch dies ist eine Irrfahrt.

Solange wir leben, leben wir im Spannungsfeld unserer guten und schlechten Eigenschaften, unserer widerstreitenden Wünsche, Leidenschaften und Begierden. Sie aufzugeben würde heißen, das Leben aufzugeben. Ohne sie gäbe es keine Freude, kein Glück, keine Annehmlichkeiten, keine Geselligkeit, keine menschlichen Beziehungen. Das Leben kümmert sich wenig um Normen und Gesetze. Es ist die Summe aller Widersprüche, und die Widersprüchlichkeiten sind seine Triebfeder.

Gut und Böse, Häßlich und Schön, Tugend und Laster, Vernunft und Unsinn – wenn wir krampfhaft bemüht sind, immer nur in eine Richtung zu steuern, drehen wir uns im Kreise. Wenn wir tausendmal wissen, was richtig und falsch ist, aber die Liebe nicht haben, bleiben wir Sklaven des Gesetzes von Untat und Vergeltung.
Ohne eine Liebe, die sich vorbehaltlos verschenkt, verlieren wir den Humor, über die menschlichen Schwächen zu lächeln, den Großmut, Fehler zu verzeihen, die Freiheit, über unseren eigenen Schatten zu springen.

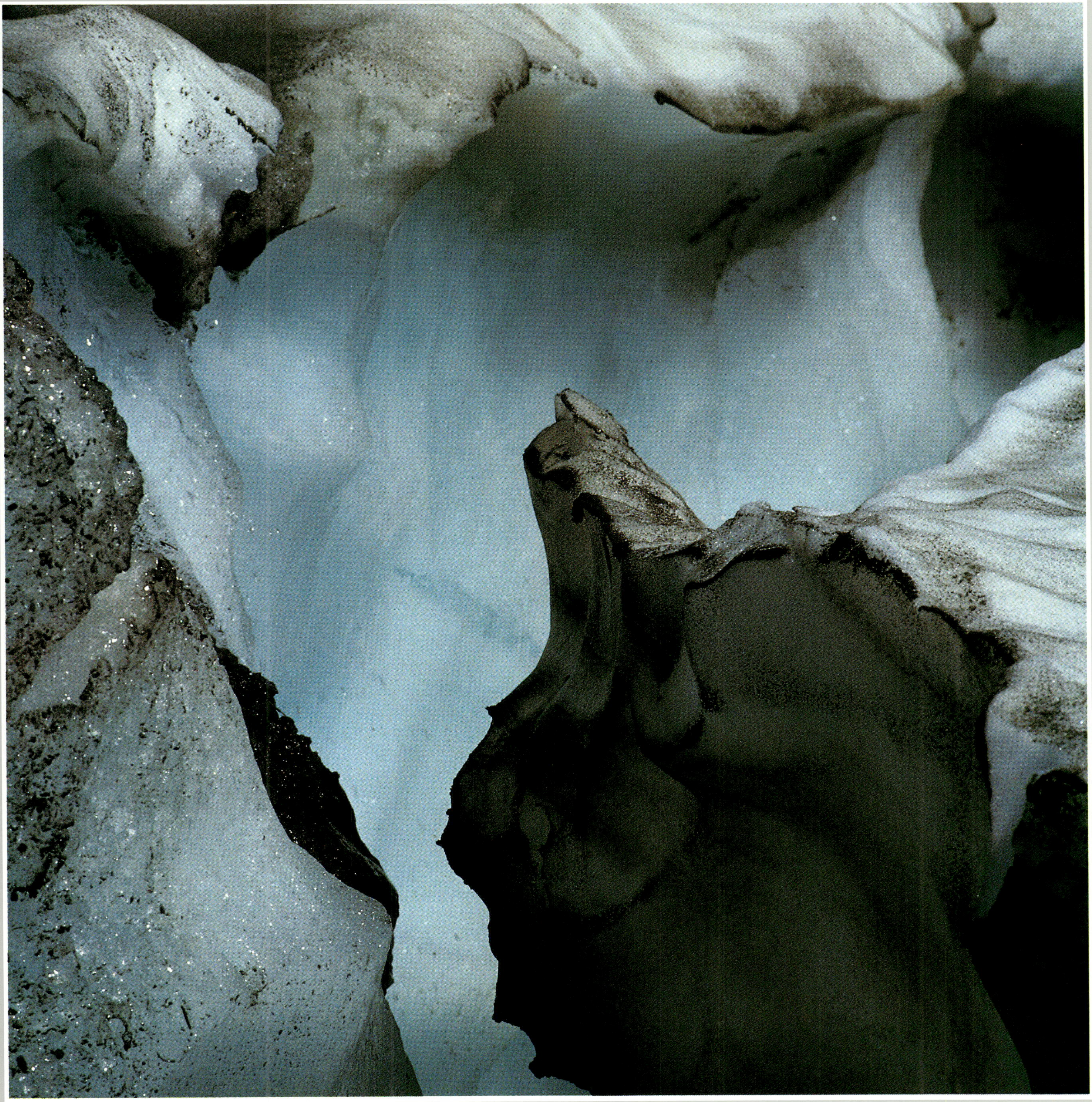

**Wir sind in die Welt gekommen, nicht nur,
daß wir sie erkennen, sondern daß wir sie bejahen.
Macht können wir durch Wissen erlangen,
aber zur Vollendung gelangen wir nur durch die Liebe.**

# Mit den Blumen reden

Ich rede manchmal mit den Blumen. Mit den Primeln auf der Fensterbank, mit den Geranien auf dem Balkon, mit den Rosensträuchern am Haus. Ich sage: „Es freut mich, daß es euch gut geht, daß ihr so schön blüht." Oder ich frage: „Habt ihr Durst? Wird es euch in der Sonne zu heiß? Plagt euch das Ungeziefer?"
Auch den unscheinbaren Pflanzen sage ich ein gutes Wort. Dem Efeu zum Beispiel, das sich im Schatten der Garage angesiedelt hat. „Dein Grün ist ganz wunderschön", lobe ich, weil ich weiß, daß es keine Blüten hervorbringen kann. Man darf Pflanzen nicht kränken. Sie spüren genau, was man sagt, wie man sie anschaut.
„Warum gedeihen deine Pflanzen eigentlich immer so gut?" fragen Freunde, die mich besuchen.
„Weil ich ihnen sage, daß ich sie mag." Sie schütteln den Kopf. Wahrscheinlich halten sie mich für verrückt. Das macht mir nichts. Ich sorge mich nur, daß die Blumen mitbekommen, was meine Freunde denken. Ich will nicht, daß sie ihre gute Meinung über Menschen ändern.

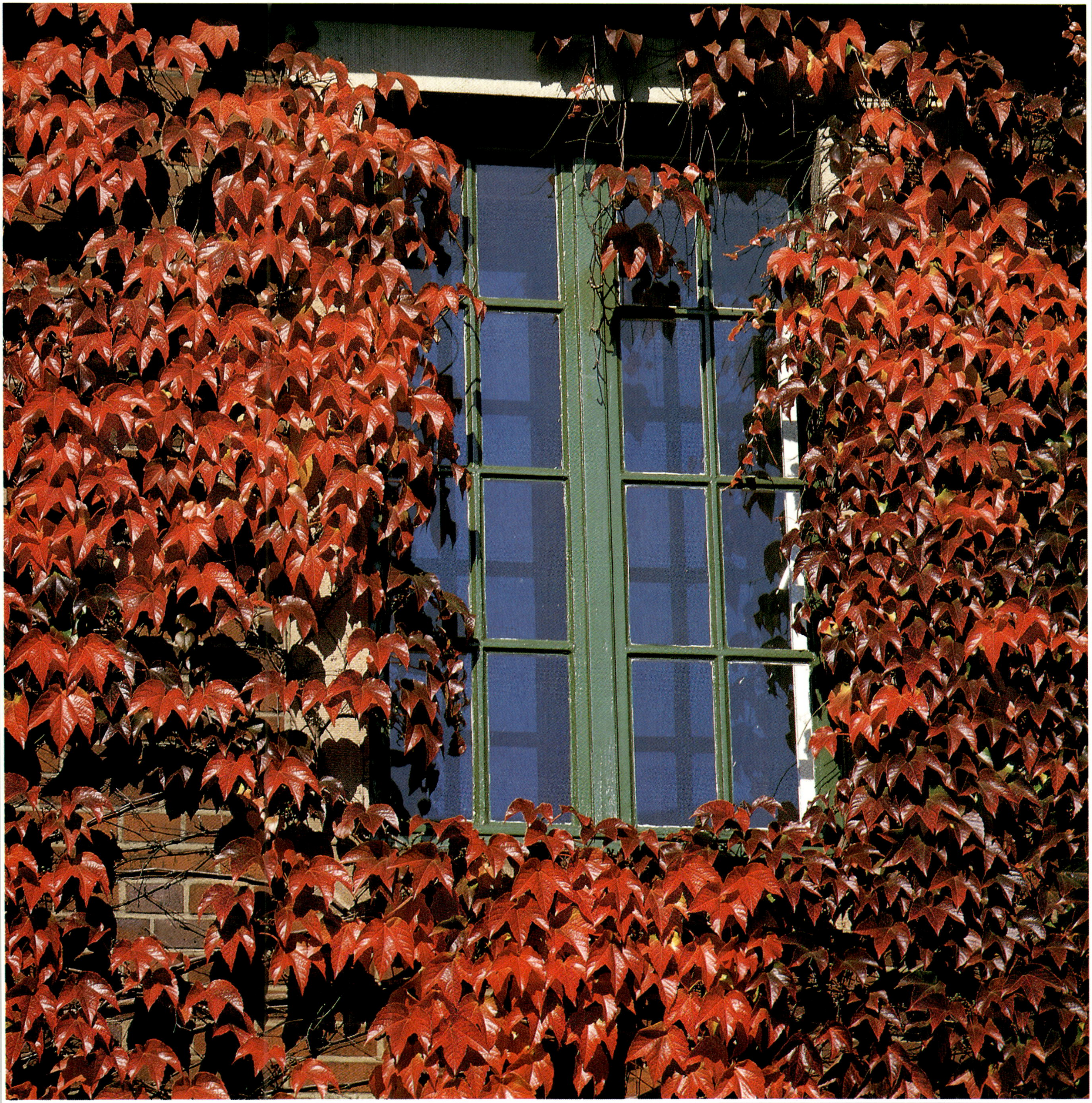

## Alles Leben ist Bejahung

Einst bat ein Mönch seinen Abt: „Erkläre mir das Geheimnis des Lebens." Der Abt führte ihn in einen großen Wald, sagte aber nichts. Als der Mönch ein zweites Mal bat, flüsterte der Abt ihm zu: „Wie hoch jene Kiefer ist, und wie klein die Tanne dort drüben."

Ich suche das Geheimnis der Welt, wo es am schwersten zu finden ist, in abstrakten Überlegungen und Philosophien. Ich suche die Weisheit weit von mir weg, während sie doch direkt neben mir steht. Ich treffe das Leben an jeder Wegbiegung, und es winkt mir freundlich zu. Aber ich erkenne es nicht in seiner Vielfalt und Einmaligkeit, bis mir Unerwartetes zustößt und meine Sinne geschärft werden.

Alles Leben ist Bejahung. Jeder Grashalm nickt sein Einverständnis, und jede Wolke unterzeichnet den Vertrag des Himmels. Wenn ich den Alltag betrachte mit liebendem Blick, wird mir bewußt, daß ich als Hungernder vor einer gefüllten Schale sitze, als Dürstender an einem kristallklaren See.
Es ist Zeit, dem Leben zu trauen mit Leidenschaft. Zeit zu sorgen, daß die Schatten der Welt lichter werden.

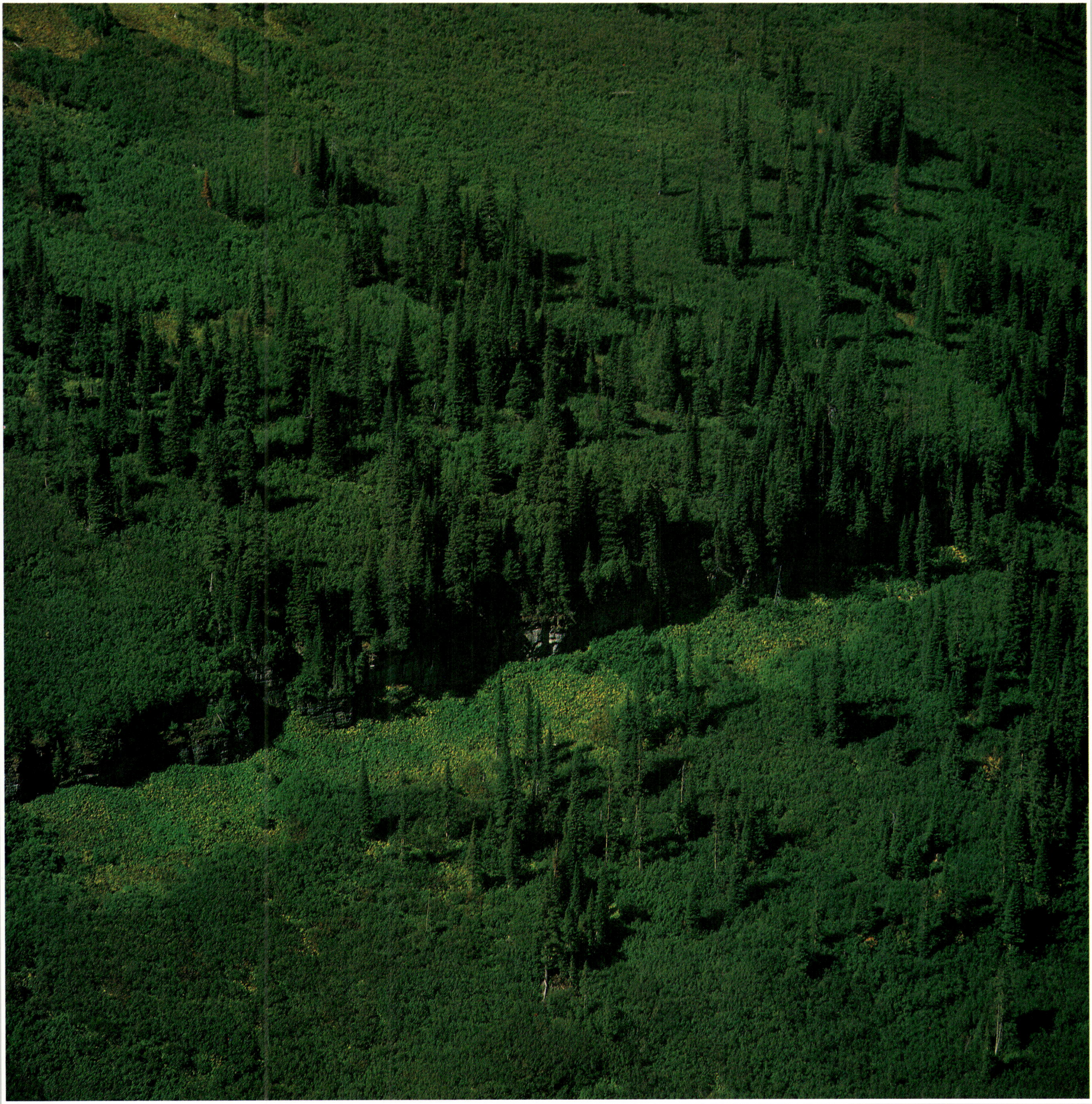

Um die Natur brauche ich mich nicht zu sorgen.
Aber diese kleine Welt meines Selbst
nimmt vom frühen Morgen an all meine Gedanken in Anspruch.
Ihre Bedeutung liegt darin, daß sie mir als meine Welt
gegeben ist; darin, daß ich die Macht habe,
sie nach meinem Geist zu gestalten und sie mir
innerlich verwandt zu machen.

# Vertraut gemacht

Sie fanden die kleine Ente an jenem furchtbar kalten Januartag. Sie war zu schwach, um ihr Gefieder zu fetten und in Ordnung zu halten. Sie fanden die Ente hilflos angefroren am Eis, befreiten sie mühsam und nahmen sie mit nach Hause. Sie wärmten sie, ließen sie in der Badewanne schwimmen, kauften von ihrem Taschengeld eine Tüte Entenfutter. Einmal durfte sie sogar durch das Wohnzimmer watscheln.
Dann kam der Tag, da es draußen wärmer wurde und die Sonne das Eis schmolz. Sie brachten die Ente zurück zu ihren Artgenossen. Und sie sprang ins Wasser und schwamm mit kräftigen Schlägen davon.
Da verdrückten sie heimlich die Tränen.
Jedesmal, wenn sie jetzt an den Ententeich kommen, zeigen sie auf eine ganz bestimmte Ente und sagen: „Siehst du, da schwimmt sie."
Obwohl es gar nicht wahr ist, weil die kleine Ente aussieht wie alle anderen Enten auf dem Teich.
Oder doch nicht?

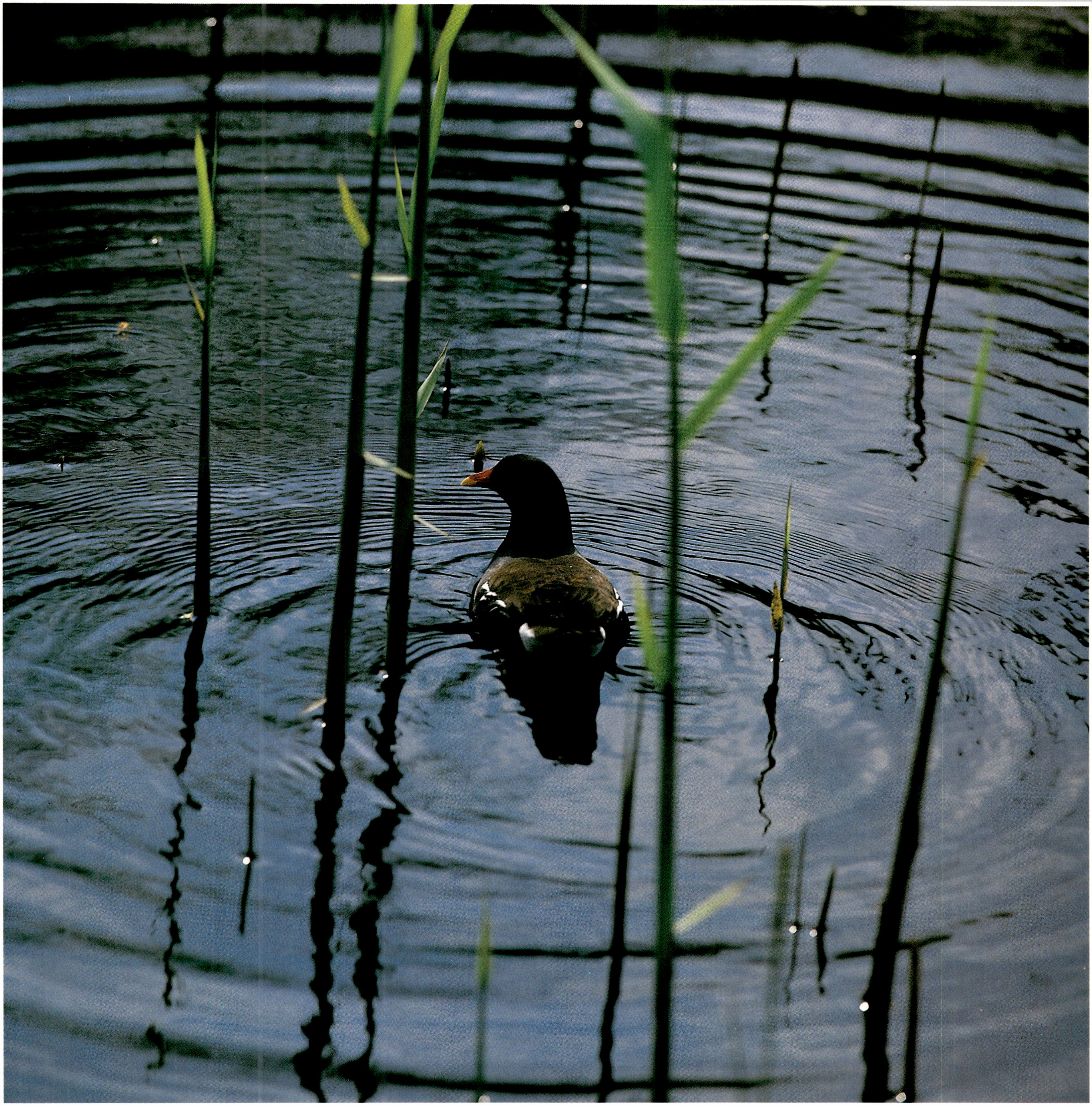

## In Herrlichkeit gekleidet

Die Maserung des Holzes ist ein Kunstwerk. Die Schmetterlinge brauchen keine Kleider, die Blumen legen keinen Schmuck an. Alles ist einfach und schlicht und unwiederbringlich schön. Die Natur ist nicht eitel. Sie schaut nicht in den Spiegel, weil sie Spiegelbild einer unendlichen Schönheit ist. Selbst dort, wo sie verwundet und zerstört wird, bewahrt sie ihre Würde.
Ich bewundere eine Blume oder einen Vogel und fühle mich selbst wie ein mißlungenes Tongefäß, das der Töpfer mit seinen Händen zusammenpreßt und zum Abfall wirft.

Es fällt mir schwer zu glauben, daß auch ich ein Kunstwerk bin. Daß um meinetwillen die ganze Schöpfung einen anderen Verlauf nahm, daß Tausende möglicher Wesen nicht entstanden, um mich zu ermöglichen – keine Kopie, nicht den Abguß eines anderen, sondern einen neuen Menschen.
Ich blicke in den Spiegel und erkenne mich nicht unter den vielen Gesichtern. Ich bin mir fremd, bis jemand kommt, der mich erwählt und mich beim Namen nennt.

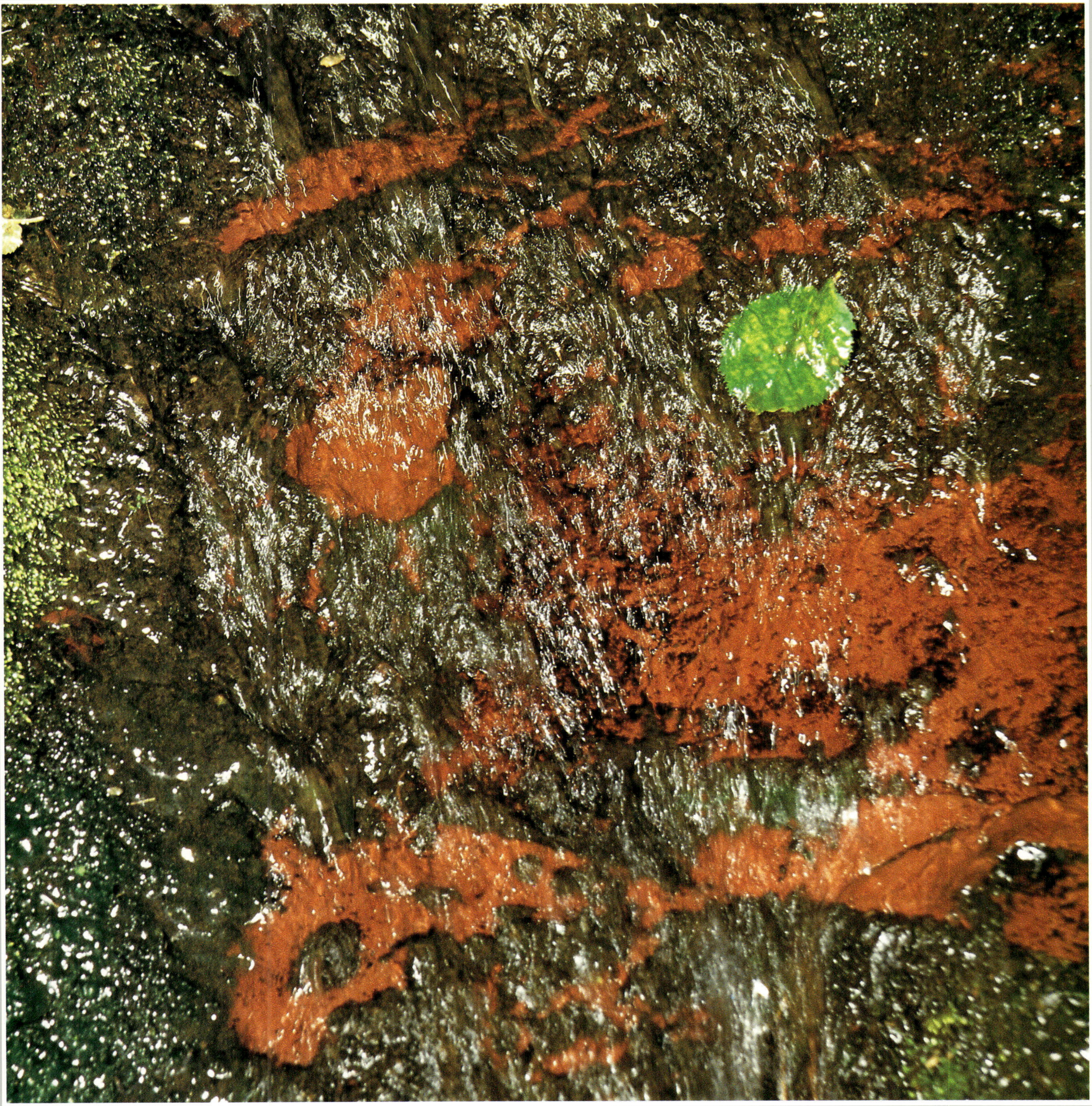

**Daher kommt es, daß meine Zeit geht:
Ich gebe sie jedem, der sie zudringlich begehrt,
und dir bleibt der Altar leer von Gaben bis zuletzt.
Am Ende des Tages haste ich, fürchtend,
dein Tor sei geschlossen –
und finde, dort ist noch Zeit.**

# Es ist noch Zeit

„Mir ist beim Abtrocknen eine Tasse zerbrochen", sagt er.
Sie lächelt. „Macht nichts, das passiert schon mal."
„Aber es war das Geschirr von der Aussteuer. Weißt du noch, wie wir es aussuchten?"
Sie nickt. „Mein Gott, wie verliebt wir damals waren…"
Sie schweigen, und ihre Gedanken kreisen um Teller und Tassen und Jahre, die gebraucht und verbraucht wurden.
„Ob es noch reicht?"
„Was meinst du?"
„Ich meine, ob wir noch mal ein neues Service brauchen?"
Sie blickt auf die Scherben auf der Müllschaufel.
„Wir müssen eben vorsichtig damit umgehen", sagt sie. „Es ist nicht mehr viel da."
„Liebe und Glas…", denkt er. Und dabei war es nicht einmal böse Absicht. Nur ein Versehen.

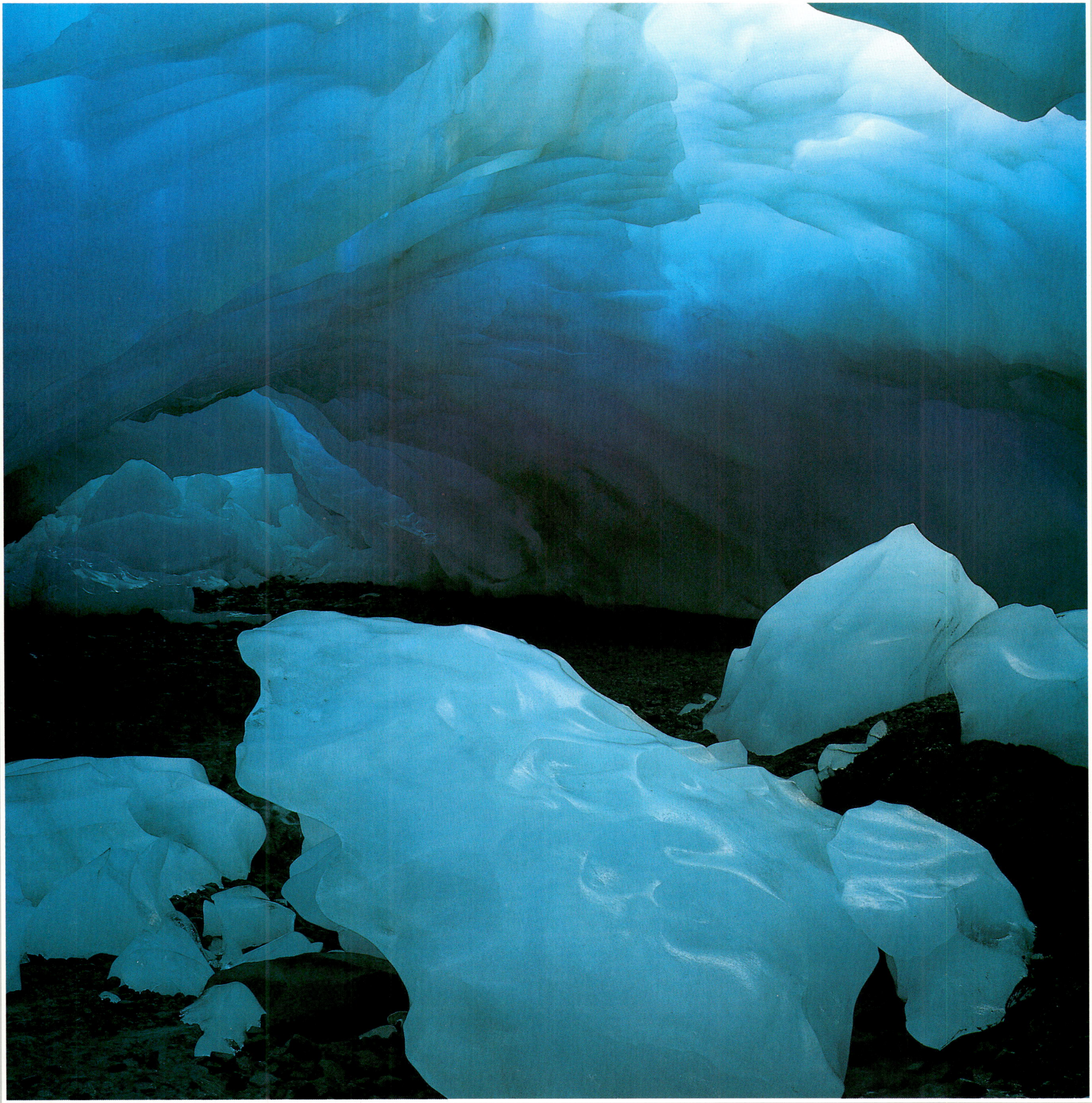

## Ich will gefunden werden

Als Kind habe ich mich oft hinter der Gardine versteckt und gerufen: „Wo bin ich?" Natürlich kamen meine Eltern, um mich zu suchen, und sie fanden mich nur zu rasch. Aber das tat meiner Freude keinen Abbruch, im Gegenteil. Das war das Schöne an diesem Spiel: gefunden zu werden.

Mein ganzes Leben setze ich dieses kindliche Spiel fort. Meine Freunde, meine Bekannten, alle sind einbezogen. Ich will gesucht und gefunden werden. Es sollen Menschen da sein, die mich entdecken. Mich, nicht jenen äußeren Menschen, der polizeilich registriert, erfaßt und verwaltet ist. Jemand soll kommen, mich erforschen, meine Tiefen ausloten. Immer will ich gesucht werden – liebevoll, zärtlich, mit Ausdauer, ein Leben lang.

Und dennoch weiß ich: In meiner Seele ist eine Kammer, die niemand auf dieser Welt betreten kann, nicht jene, die mich lieben, nicht die Menschen an meiner Seite, nicht einmal ich selbst. Ein Raum, den ein anderer gelassen hat. Ort einer Begegnung, die noch aussteht.

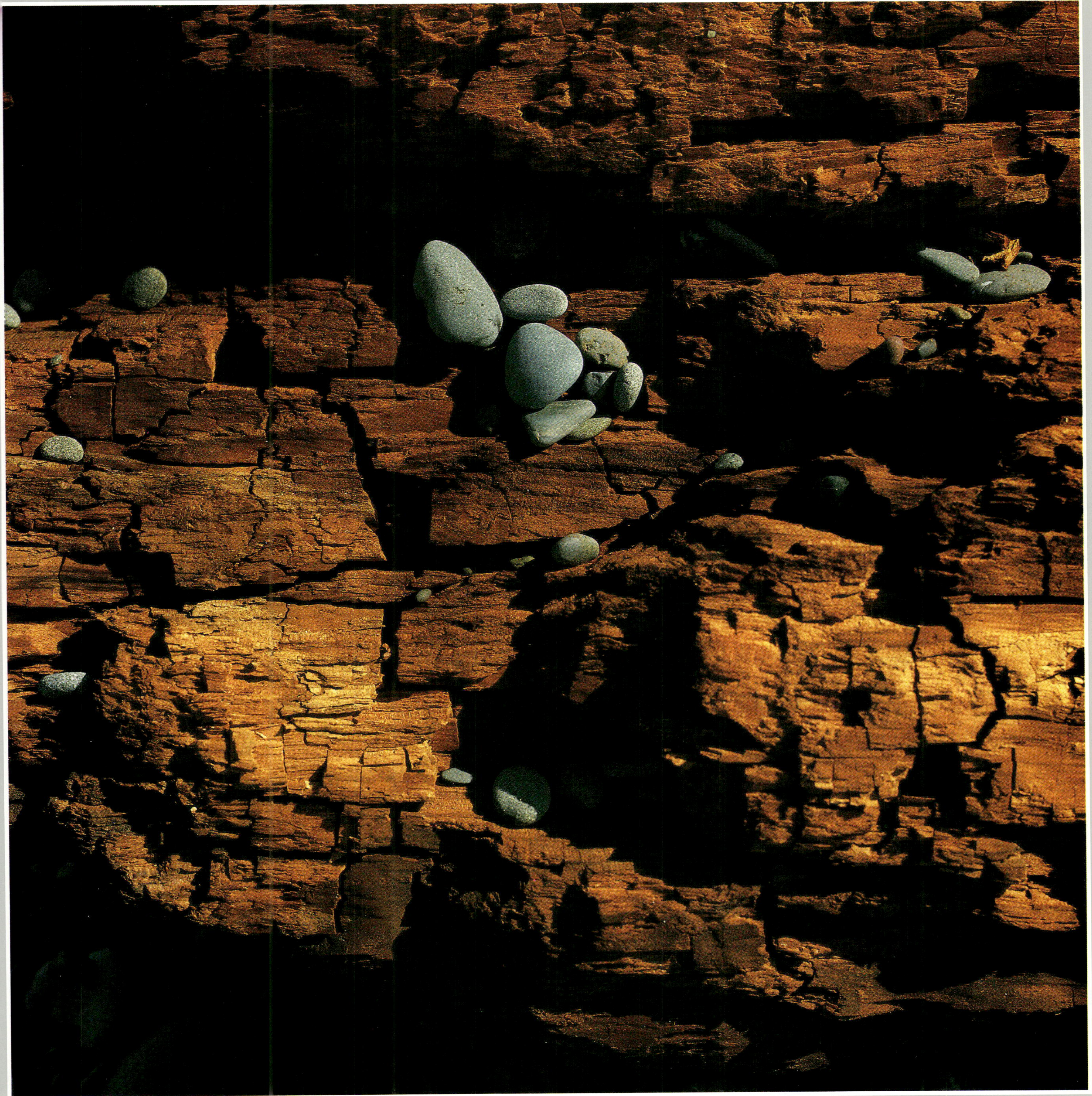

**Je mehr wir uns vor dem Schmerz fürchten,
desto mehr Versteckplätze aller Art bauen wir uns.
Unsere Leiden aber wissen uns
in unseren Verstecken aufzuspüren;
sie nehmen uns unsere künstlichen Stützen fort
und stellen uns unserer nackten Einsamkeit
Auge in Auge gegenüber.**

# Deine Einsamkeit

Jetzt braucht er sich nicht mehr zu beeilen. Vor ihm liegen viele Tage, alle endlos, unausgefüllt, ohne Sinn. Und er hatte doch immer das Glück gesucht, hatte jeden Augenblick nützen wollen, sich wie ein Besessener in die Arbeit gestürzt, jedem Tag noch eine Stunde abgerungen.
Er löst seinen Blick von dem Grabhügel, von den schwarzen und violetten Schärpen, den nicht mehr ganz frischen Kränzen. Sie ist tot. Liegt dort unten in einer dunklen Kammer, zu der er keinen Zugang hat.
Nein, er braucht sich nicht mehr zu beeilen. Er hat viel Zeit. Er atmet tief. Es ist ihm, als würde ein Stein von seinem Herzen genommen. Er kann jetzt trauern…
Endlich, nach all den Jahren, kehrt ein lebendiges, warmes Gefühl in sein Herz zurück.

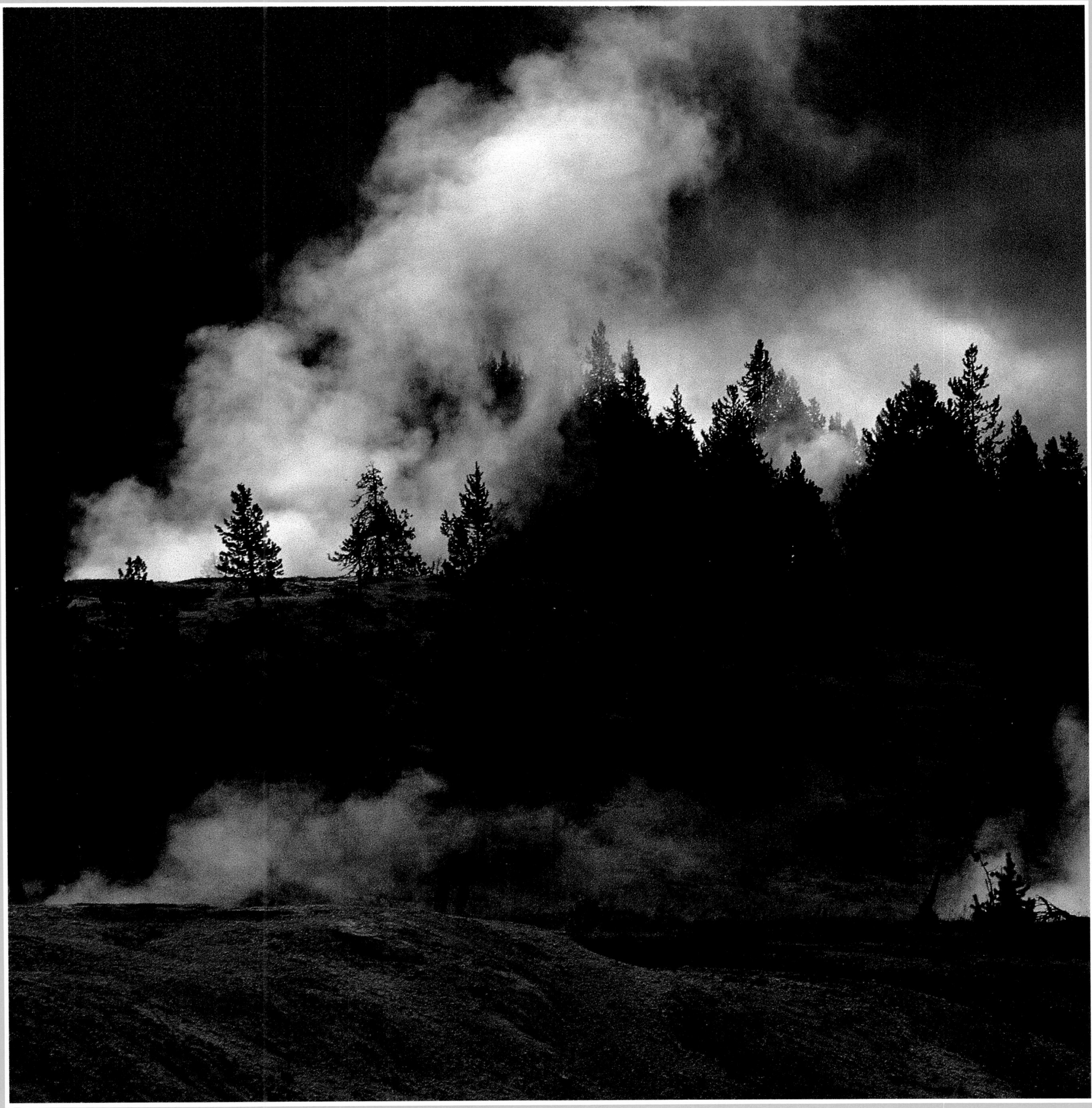

# Stirb, bevor du stirbst

Es ist etwas unendlich Trauriges in der Vorstellung, daß die Bäume vor meinem Fenster blühen werden, die Wolken über den Himmel ziehen, die Vögel ihre Nester bauen, während ich selbst zu Staub werden muß und nicht mehr Anteil daran nehmen kann.
Es schmerzt. Und aus dem Schmerz schält sich das Leid, schält sich der Kern des Seins heraus. Ein Baum, von der Rinde „Dinglichkeit" befreit, offenbart sein wahres Wesen.

„Stirb, bevor du stirbst!" mahnt uns ein Wort aus dem Koran. Wer die Welt umklammert in dumpfer Todesfurcht, ist der Vergänglichkeit verfallen. Er stirbt mit den Sachen, die er besitzt, mit dem Ruhm, den er erwirbt, mit der Zeit, die er vergeudet. Das ist wirklicher Tod. Wer abläßt von sich selbst und sich der Not der Menschen zuwendet, ihrem alltäglichen Kampf um ein wenig Glück, erlebt Befreiung seines kleinen, in sich selbst gefangenen Ichs.
Wer die Liebe bejaht, ist für den Tod gestorben und kann auferweckt werden am Tage, da das Leben sich in ganzer Fülle offenbart.

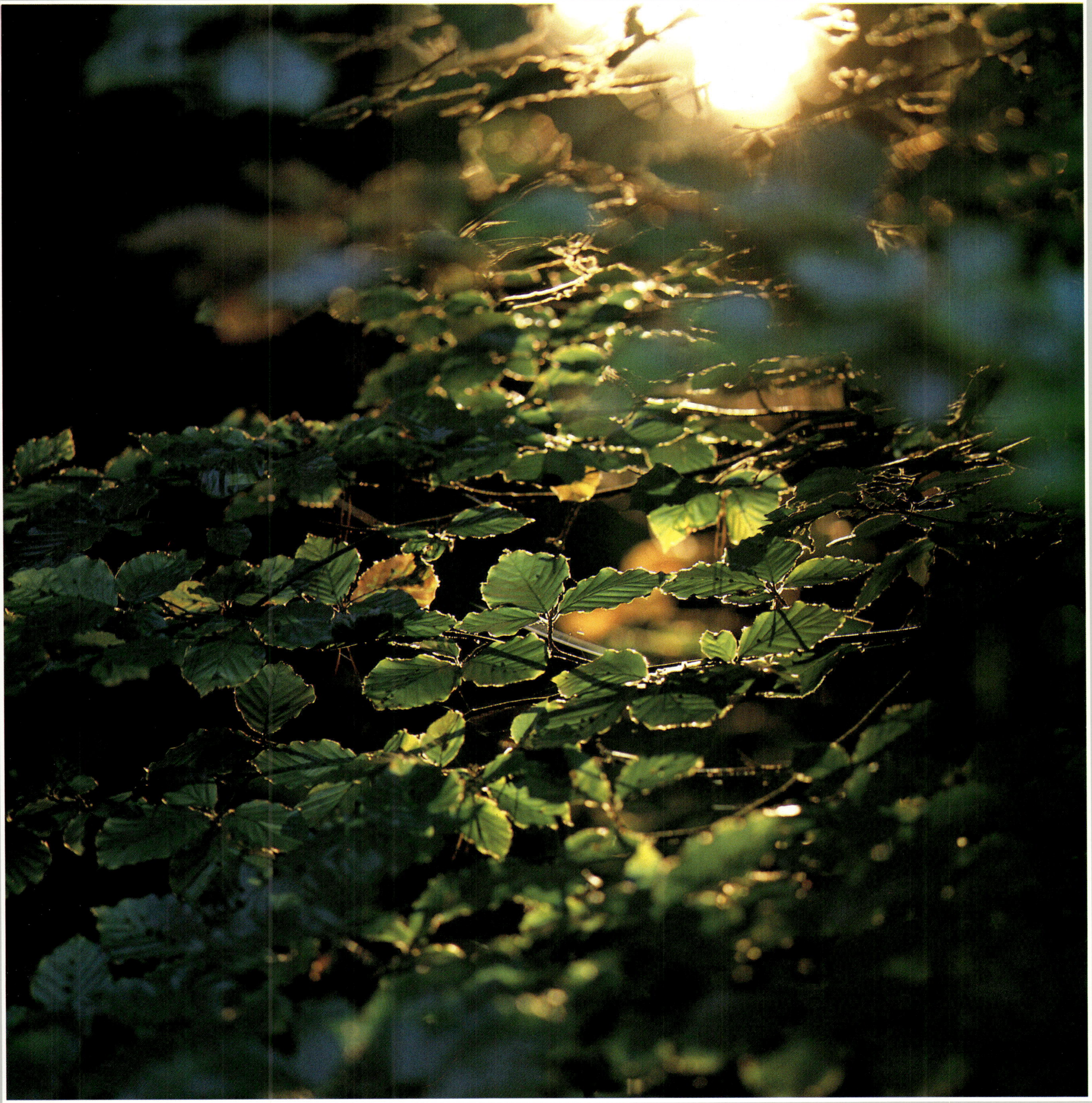

**Ich war müde und schlief auf müßigem Bett
und glaubte, meine Werke wären zu Ende.
Am Morgen erwachte ich und fand meinen Garten
voll vom Wunder der Blumen.**

# Die Angst einer Mutter

Sie kann nicht schlafen in dieser Nacht, nach diesem Gespräch. Sie hat Angst um ihn. Die Angst einer Mutter. Er wird also gehen, wird das Haus verlassen, seinen eigenen Weg suchen. Sie steht auf und schaut aus dem Fenster, auf den Garten, das Nachbarhaus, den kleinen Ort, schaut auf diese Welt, die einmal auch die seine war. Ein warmer Sonnentag hat die Uhren vorgestellt; fast über Nacht ist der Kirschbaum erblüht. Sein weißes Leuchten dringt durch das Dunkel. Aber es ist kalt. Reif netzt die Blüten. Sie werden erfrieren.
Sie schaut auf den Baum und denkt: Es ist gut so. Alles mag glücken, alles mißlingen – wenn sich die Erde zum Schenken entschließt, gibt es kein Zurück…

Die Texte von Tagore wurden entnommen aus:
Rabindranath Tagore, Gesammelte Werke, Band 1, Band 2
und Band 8. Kurt Wolff Verlag, München 1921. Rechte bei:
Trustees of Rabindranath Tagore, Estate and Macmillan,
London and Basingstoke

CIP-Titelaufnahme der Deutschen Bibliothek

**Poeplau, Wolfgang:**
Einfach ist die Weisheit des Lebens: Sinnspuren im Alltag
nach Texten von Tagore/Wolfgang Poeplau. – Freiburg i. Br.:
Christophorus-Verl.; Lahr: Kaufmann, 1988
ISBN 3-419-50818-2 (Christophorus-Verl.) Pp.
ISBN 3-7806-2182-7 (Kaufmann) Pp.

NE: Tagore, Rabindranath [Begr.]

© 1988 by Christophorus-Verlag GmbH, Freiburg im Breisgau
Verlag Ernst Kaufmann, Lahr/Schw.
Alle Rechte vorbehalten
Gesamtgestaltung: Michael Wiesinger, Freiburg
Reproduktionen: Scan-Trans, Neuss
Satz: Fotosatz Bosbach GmbH, Freiburg
Druck und Verarbeitung: Druckhaus Kaufmann, Lahr
Printed in Germany